KB248253

오발탄

KOFA 영화비평총서는 한국영화사의 대표작 한 편을
아카이브와 역사라는 관점하에
비평적 해석으로 펼쳐 보는 시리즈이다.
영화비평가와 영화사 연구자가 필진으로 참가할 각 권은
비평과 역사를 동시에 주목하는 스펙트럼 속에서
영화에 관한 다채로운 논의를 제공한다.

일러두기

- 총서의 기획과 구성, 책임편집은 한국영상자료원 학예연구팀장 정종화와 연구원 이수연이 맡았다.
- 한국영상자료원에서 기증과 수집을 통해 보유하고 있는 사진은 별도의 출처를 표기하지 않았으며, 그 외에는 사진 설명에 출처를 표시하였다.
- 영화의 작품명과 연도는 한국영상자료원 한국영화데이터베이스(KMDb)를 따랐다. 감독명과 개봉 연도는 각 장마다 해당 영화가 맨 처음, 주요하게 언급될 때 (감독명, 제작 연도) 형태로 병기했다. 감독명, 제작 연도, 배우 이름 등 영화 관련 정보는 ( ) 안에 표기하되, 본문 괄호와 구분되도록 별색으로 표기하였다.
- 맞춤법과 띄어쓰기는 국립국어원의 《표준국어대사전》을 따랐다. 논문 및 영화 등의 작품명은 〈 〉, 문헌이나 저서명·정기간행물(학회지 포함)·신문명은 《 》, 직접인용은 " ", 강조 및 간접인용은 ' '로 표기했다.
- 인명이나 지명은 국립국어원의 외래어 표기용례를 따랐다. 단, 널리 알려진 이름이나 표기가 굳어진 명칭은 그대로 사용했다.
- 본문에 인용된 유현목의 구술채록은 2003년 한국문화예술위원회의 진행으로 영화학자 조혜정이 수행한 것이다. 가독성을 위해 최소한으로 문장을 수정했다. 조혜정 채록연구, 《한국 근현대예술사 구술채록연구 시리즈 15: 유현목》, 한국문화예술위원회, 2004.

오발탄

Aimless Bullet

치통과 권총의 모던 시네마

정종화 지음

KOFA 영화비평총서 5

앨피

발간사

한국영상자료원Korean Film Archive은 영화의 역사를 보존하는 아카이브이자, 그 유산을 오늘의 언어로 새롭게 해석하는 비평의 장이기도 합니다. 'KOFA 영화비평총서'는 이러한 역할을 바탕으로, 한 편의 영화를 역사적 기록으로서, 동시에 살아 있는 텍스트로서 함께 바라보고자 기획된 시리즈입니다.

2024년 첫 출간한 〈휴일〉, 〈살인의 추억〉, 〈하녀〉, 〈최후의 증인〉에 이어, 올해는 〈오발탄〉, 〈첫사랑〉, 〈길소뜸〉, 〈여고괴담 두 번째 이야기〉를 독자 여러분께 소개합니다. 한국영화 100년의 흐름 속에서 각기 다른 시대와 장르, 문제의식을 대표하며, 시간이 흐른 지금에도 여전히 새로운 질문과 의미를 불러일으키는 영화들입니다.

이 총서는 아카이브가 축적해 온 자료를 토대로 작품이 만들어진 역사적 조건과 시대적 맥락을 짚고, 동시대의 관점에서 새롭게 성찰해야 할 비평적 쟁점을 함께 제시하는 것을 목표로 합니다. 이를 위해 각 권은 해당 작품을 오랫동안 고민해 온 영화사 연구자와 영화비평가가 집필을 맡아, 각자의 시선으로 한 편의 영화를 세심하게 읽어 나갑니다.

이 책들이 한 편의 영화를 통해 아카이브의 가치와 역사적 의미를 되새기고, 비평이 지닌 사유의 즐거움과 깊이를 함께 전하는 계기가 되기를 바랍니다. 독자 여러분의 지속적인 관심과 응원이 이 총서를 앞으로 나아가게 하는 가장 큰 힘입니다.

2025년 12월

한국영상자료원 원장 김홍준

학예연구팀장 정종화

차례

서문

여름이 시작된 6월부터, 직장인에게는 귀하디귀한 주말과 휴일을 반납하고 상암동의 미로 같고 토굴 같은 공유오피스 한 켠에서 이 책을 썼다. 처음부터 유현목 감독의 〈오발탄〉에 매혹되었던 것은 아니다. 고백하자면, 한동안은 〈장마〉가 더 좋은 영화라고 믿었다. 나에게 한국 고전영화는 눈으로 감상할 때와 글로 마주할 때 전혀 다른 차원으로 다가온다. 이번에도 그 사실을 새삼 깨달았다. 당대 감독의 창작 자원과 사회문화적 인자가 결합한 영화 텍스트는 문장으로 옮겨질 때 무한한 해석의 지평을 펼쳐 보인다. 〈오발탄〉은 그 사실을 다시 한 번 확인시켜 주었고, 나는 이 영화가 한국 모던 시네마의 기원임을 확신하게 되었다.

1장에서는 예술과 산업의 경계에서 고심하던 유현목의 영화세계를 다뤘고, 2장에서는 영화 〈오발탄〉이 만들어지고 그

불온성이 검열의 대상이 되었던 시간을 서술한 뒤, 3장의 작품 분석으로 이어지는 구조를 택했다. 집필을 마치고 보니, 이 목차야말로 필자의 정체성이 자연스럽게 드러난 구성이라는 생각이 들었다. 나는 영화사학자로서 한국영화사의 큰 흐름을 짚고, 영화학자로서 오래된 텍스트들을 다시 읽으며 새로운 의미를 찾아가는 과정에 매혹된다. 그리고 아카이브 연구자로서 필름과 기록 속에 남아 있는 미세한 흔적들을 발굴하는 일은, 나의 해석이 현실에 닿게 만드는 가장 단단한 토대가 된다.

이러한 관점에서 1장은 유현목 감독에 대한 짧은 전기가 되었다. 3장은 텍스트로서의 〈오발탄〉을 미학적이면서도 사회문화적 맥락에서 읽어 내는 비평적 시도를 가능한 한 끝까지 밀어붙였다. 그 사이의 2장은 아카이브 자료를 검토하며, 유현목의 머릿속에서만 이루어졌던 연출의 선택들을 추출해 3장의 분석이 전개될 토대를 마련했다. 독자들이 한국영상자료원이 운영하는 한국 고전영화 유튜브 채널에서 영화를 틀어 놓고, 또 멈추어 가며, 3장의 분석과 함께 감상해 보기를 권한다. 영화의 창작자들이 의도했던 것들, 그리고 필자가 프레임 단위의 관찰을 통해 포착하고 해석한 다양한 레이어가 독자의 감각 속에서 겹쳐 읽히기를 기대한다.

〈오발탄〉을 다룬 이 책의 작업이 끝나 갈 무렵, 나는 다시 한 번 이 영화의 현재적 생명력을 실감했다. 때마침 박찬욱 감독의 〈어쩔수가없다〉가 개봉했다. 그가 밝힌 것 이상으로, 영화 곳곳에서 〈오발탄〉에 대한 오마주를 발견할 수 있었다. 가장인 만수의 치통, 그의 아내 미리의 이름, 만수의 또 다른 자아처럼 보이는 제지업계의 중년 남성, 그리고 엔딩의 위압적인 공장 내부의 이미지까지—그가 모든 것을 의도했기보다는, 역시 영화란 무의식적 감수성의 총합체임을 새삼 느꼈다.

3장의 서두에 쓴 것처럼, 나는 철호만큼이나 영호에 집중하고자 했다. 예나 지금이나, 석고상처럼 앉아 고뇌하는 사람보다는 결심하고 행동하며 실천하는 사람이 더 중요하다고 믿기 때문이다. 애초의 원고 분량을 훌쩍 넘겼지만, 아직 책에 다 담지 못한 디테일들이 있고, 완전히 맞추지 못한 퍼즐 조각들도 남아 있다. 이 책이 〈오발탄〉을 새롭게 읽는 작업의 출발점이 되기를 바라며, 앞으로 그 작업이 더 활발히 이어지기를 기대한다.

2025년 11월 2일 상암에서

정종화

유현목, 〈오발탄〉, 생사의 경계에서 살아남기

1950년대 중반 자신의 작품을 연출하기 시작한 유현목에게 영화라는 예술이자 매체는 무엇이었을까. 유약한 유년 시절을 견디게 했던 공상의 끝이었을 수도, 여러 예술 장르를 탐문한 결과로서의 종합예술이었을 수도 있다. 프랑스영화 〈죄와 벌〉(피에르 셰날, 1935)을 원점으로 삼은 이미지의 탐색, 문자의 세계를 초월한 시네마의 감각, 혹은 이 모든 요소들이 합일된 어떤 상태였을지도 모른다. 그러나 무엇보다 그의 영화를 구성하는 결정적인 인자는 '생존'이라는 실존적 체험이었다.

인간 유현목은 생과 사의 경계가 그 어느 시기보다 분리되기 어려웠던 한국전쟁이라는 참화 속에서 살아 돌아왔다. 그가 첫 장편 감독작을 고심하던 1955년은 미국식 근대화의 파고가 드높던 시기였지만, 동시에 전후(戰後)였음을 간과해서는 안

된다. 대중들은 조선 후기를 배경으로 한 〈춘향전〉(1955)이나 화려한 세태를 풍자한 〈자유부인〉(1956)의 세계에 매혹되었지만, 전후라는 매서운 현실은 이 영화들이 담아내지 못한 심층에 존재했다. 〈오발탄〉은 바로 그 전후의 심층에서 태어난 영화였다.

〈오발탄〉의 인물들은 모두 생과 사의 경계에서 '생존'하기 위해 위태롭게 고군분투한다. 형 철호가 앓는 극심한 치통은, 사람이 미치지 않고 버틸 수 있는 그 한계선의 정신적 고통을 응축한 이미지다. 그는 가장으로서의 무거운 짐을 더 이상 견디지 못해 유령처럼 배회한다. 영화 말미, 그는 영원할 것 같던 고통에서 벗어나기 위해 마침내 결심하지만, 택시의 헤드라이트처럼 삶 역시 위태롭게 명멸할 뿐이다.

동생 영호는 죽은 사람이거나 곧 죽을 사람이다. 과거의 한국영화는 종종 영화 본편만으로 완결되지 않는다. 어쩌면 시나리오라는 과거는 영화의 또 다른 진실일 수 있다. 상이군인 영호는 촬영 착수용 시나리오에서 영화로 이행하는 과정에서 은폐된 이야기 속에 남아 있는 존재다. 그런 의미에서 유령적 인물이다. 동시에 그는 동생 민호의 환상이 따라다니는, 영화 속 환상이기도 하다. 영화-환상을 거부한 영호는 그만의 영화-현실을 만들어 가려 하지만, 결국 무위로 끝나고 만다. 비록 전시(戰時)와 진배없는 사회라 하더라도, 정해진 법률선을 쉽게 넘을 수는 없다. 범죄-영화의 시간 속에서 발버둥 치는 영호는 필연적으로 스크린 속 죽은 사람이다.

〈오발탄〉 속 인물들은 생사의 경계선에서 끝내 '살아남았다'고 말하기 어렵다. "가자"를 외치는 노모는 분명 살아 있지만, 이미 삶의 시간에서는 이탈한 존재다. 철호의 아내는 아이를 세상에 내보낸 직후 죽음을 맞고, 전장에서 영호를 살려 낸 설희 역시 맹목적인 사랑에 매달린 청년과 함께 세상을 떠난다. 그러나 살아남은 이들 또한 이 세계에서 벗어나지 못한다. 막내 동생 민호는 영화의 마지막까지 신문을 돌리고, 명숙은 새로 태어난 아기에게 조심스럽게 희망을 기원하지만, 홀로 철호의 아이들과 민호까지 돌봐야 하는 처지라면 양공주의 삶을 쉽게 멈출 수는 없을 것이다. 〈오발탄〉의 세계에서 인물들은 이미 죽었거나, 살아남는 데 실패했거나, 비록 살아남았지만 앞으로도 끝없는 시간을 견뎌야 하는 존재다.

이 같은 비평적 해석들은 유현목이 의도한 것일 수도, 감독의 무의식이 〈오발탄〉이라는 영화가 축조되는 과정에서 작용한 결과일 수도 있다. 생과 사의 경계를 아슬아슬하게 건너온 감독과 각자 그 비슷한 이야기가 넘쳐 났을 시나리오의 창작자들은, 영화 속 인물들을 살고 있지만 살아 있다고 규정하기 어려운 존재들로 묘사했다. 그리고 우리는 그들의 이름을 유령이라고 읽는다.

화려한 근대의 심연에 전시와 다름없는 지옥도가 공존했던 것처럼, 한국영화가 할리우드 멜로드라마를 모방하던 그 순간에도 유현목의 〈오발탄〉은 홀로, 하지만 당당하게 실체적 현실과 접속했다. 그것은 단순히 현실을 반영한 영화가 아니었다. 생존이라는 프리즘을 통해 투과된 현실이었고, 네오리얼리즘과 범죄영화가 이접하는 지점, 다시 말해 영화-현실과 영화-환상이 뒤섞이는 순간에 탄생한 영화였다. 나는 유현목이 한국에서 가장 빨리, 그리고 가장 깊이 영화 매체의 본질을 탐구한 감독이라고 단언한다. 내가 이 영화를 한국 모던 시네마의 시작으로 규정하는 이유다.

유현목은 박정희 정권이 들어서기 이전, 비록 고군분투와 시련의 연속이었지만 영화를 완성할 수 있었다. 덕분에 그는 1996년 국가 주도의 검열 체제가 제도적으로 해체되기 전까지, 어쩌면 정치적으로 가장 불온한 텍스트 하나를 남길 수 있었다. 사회의 가장 어두운 곳을 묘사하는 데 타협하지 않을 수 있었던 거의 유일한 시점이었다. 그러나 5·16쿠데타 전후 〈오발탄〉의 공개 과정에서 큰 곤욕을 치른 그는, 이후 장르영화와 문예영화를 오가며 조심스럽게 연출에 임한다. 그리고 1965년 〈춘몽〉이라는 알레고리를 통해 〈오발탄〉의 세계를 은폐했다.

이때 정권과 가장 친밀했던 신상옥은 〈쌀〉(1963)의 도입부에서 불야성의 명동과 상이군인의 바bar 장면을 경유해 〈오발탄〉의 세계를 변주하며, 그 불온성을 계몽성으로 전환했다. 하지만 〈산〉(1967)에서는 자신이 개발한 프로파간다 서사에 스스로 흠집을 만들었다. 반면 이만희가 1968년 연출한 〈휴일〉은 다시 〈오발탄〉을 겹쳐 내며 끝내 개봉조차 허락되지 않은 불온한 텍스트로 남았다. 〈휴일〉 속 허욱은 더 이상 운행하지 않는 전차에서 내려 선로의 끝에 서서 "머리부터 깎아야지"라고 읊조린다. 검열의 강권으로 제작진이 입대하는 설정으로 포장한 것이었지만, 이마저도 받아들여지지 않았다. 영화 이전의 시나리오를 디제시스diegesis(영화적 시공간)의 과거로 해석할 수 있다면, 허욱 역시 이미 죽은 인물이며, 영화는 그의 회상이거나 유령이 배회하는 공간에 가깝다. 나는 박정희 정권기 영화감독들을 정치적 투사, 혹은 그 반대편의 부역자라는 구도로 단순화할 생각은 없다. 대중영화로서의 성공과 예술적 야심 사이, 각자 자신만의 영화를 지속하기 위해 모색했던 과정이었기 때문이다.

사실상 〈춘몽〉 이후 유현목의 영화는 대중 장르로 이동하거나, 예술의 외피를 둘렀지만 국책적 성격이 강했던 반공영화와 문예영화 사이에서 공진했다. 1960년대 중후반 동료 감독들의 모더니즘 영화가 속속 도착했지만, 그는 〈오발탄〉처럼 결정적인 인장을 남기지는 못했다. 유현목은 충무로에서 예술영화 감독으로 버티고 있었지만, 실상 그는 직업감독으로서 생존하기 위해 영화를 만들고 있었다.

1장

예술과 산업의 경계에서 : 유현목의 영화세계

다방면의 예술에 심취했던 학창 시절의 유현목.

1925년 7월 2일 황해도 사리원에서 태어난 유현목(兪賢穆)•은 북한 땅과 가까운 경기도 파주에서 말년을 보내다 2009년 6월 28일 생을 마감했다. 어린 시절 그는 병약했음에도 불구하고 예술과 과학 다방면으로 꿈을 키우고 도전해 보길 두려워하지 않았고, 청년기에는 해방과 한국전쟁이라는 혼돈과 비극의 시간을 몸소 관통하며 절망과 구원 같은 추상어를 곱씹을 수밖에 없었다. 그가 수많은 생사의 갈림길에서 버틸 수 있었던 것은 최종적으로 선택한 영화 덕분이었다. 학생영화 〈해풍〉을 토키 talkie(유성영화)로 완성한 1948년부터 조감독 생활을 시작했고, 1956년 〈교차로〉로 감독 데뷔의 기회를 잡는다. 1950년대 후반부터 1960년대까지 한국영화가 산업화를 모색하고 르네상

• 유현목은 자신의 영화인생에 대해 꽤 많은 글과 저작을 남겼다. 가장 집대성된 것은 1995년 혜화당에서 발간된 유현목의 자서전 《예술가의 삶(20) 영화인생》일 것이다. 또한, 여기에서 파악할 수 있는 그의 서사는 이전의 여러 지면에서 핵심적인 내용이 반복되고 있는 것을 찾아볼 수 있는데, 대표적으로 1979년 7·8월호 《영화: 이론과 실제》에 실린 〈나의 영화편력〉(59~62쪽), 1992년 5월호 《영화》에 실린 〈나의 데뷔작 연출론 〈교차로〉〉(86~89쪽) 등에서이다. 1995년의 자전 에세이집 이후에도 1998년 1월 12부터 2월 6일까지 《경향신문》에서 김준기 기자가 정리한 〈나의 젊음, 나의 사랑/영화감독 유현목〉이 14회로 연재됐다. 여기서 대표적인 사건 중심으로 그의 인생이 서사화되었으나, 내밀한 이야기들은 구술채록에서 더 많이 공개되었다. 조혜정이 채록연구한 《2003년도 한국 근현대예술사 구술채록연구 시리즈 15: 유현목 1925~》는 한국문화예술위원회가 발행하고 한국예술종합연구소 한국예술연구소가 기획·편집한 책으로 2004년 발간됐다. 현재 한국예술디지털아카이브(https://www.daarts.or.kr/handle/11080/16560)에서 확인할 수 있다.

스의 터전을 일궜을 때 그 역시 창작의 전성기를 보냈다. 이때 그의 역할은 한국영화가 상업적 길로만 치우치지 않도록 그 대안을 제시하는 것이었다. 유현목은 역사의 소용돌이 한가운데서 체험한 절망과 구원이라는 주제 의식을 영화적 이미지로 승화시킨 한국영화사의 가장 독보적인 예술영화 감독이었다.

청소년 시절,
예술가를 꿈꾸다 영화를 만나다

유년 시절 유현목은 많은 이들이 그렇듯 어머니의 헌신적인 보살핌과 절대적인 영향 아래 성장했다. 무학의 어머니는 사리원 시골의 작은 동네, 지주였지만 식구 많은 집에 시집와 고된 노동으로 집안 살림을 일군 후, 사리원 읍내로 나가 고무신 장사, 전당포, 그릇 가게 등을 하며 유현목의 형제들이 경제적으로 힘들지 않게 살 수 있는 터전을 만들었다. 아버지는 착한 사람이었지만 세상에 불만이 많았고 술에 취해 어머니와 다투기 일수였다. 가정의 불화를 견디던 어머니는 어느 날 교회 종소리를 따라 교인이 된 후 평생을 독실한 크리스천으로 살게 된다. 일제강점기, 교회, 경제적 여유, 집안의 불화는 어린 시절 유현목의 정서를 형성한 요인들이다.

9남매 중 다섯 번째 아이였던 유현목은 손위 형들이 모두 죽고 장남이 되었다. 어머니의 기대가 컸던 그는 유아세례를 받고 교회에 다니게 되는데, 소년 유현목에게는 종교의 의미보다 어릴 때부터 연극을 경험하는 기반이 되었다. 직접 각본을 쓰고 연출해 성극(聖劇)을 올리는 일은 대학 진학 전까지 그가 고향을 찾을 때마다 이어졌다. 사리원의 덕성보통학교를 졸업한 그는 1939년 휘문중학교에 입학했다. 서울의 사학 명문을 다니게 된 것은 고향 마을의 경사이자 그 역시 흥분되는 일이었지만, 하루 종일 하숙방에 틀어박혀 고독을 삼키다 2학년 무렵 병을 핑계로 휴학을 하고 고향으로 돌아온다. 어릴 적부터 만들기를 좋아했고 '발명왕 에디슨'의 전기를 되풀이해 읽었던 그는 이번에도 과학잡지를 탐독하며 모형 모터보트와 글라이더를 만들어 작동시키며 시간을 보냈다. 이때부터 예술에도 눈뜨기 시작했다. 그림을 그리고, 바이올린을 켜고, 무용가가 되려고 조택원무용연구소•를 찾아가기도 하고, 소설 습작을 하는 등 여러 방면으로 모색했지만, 그를 기다린 것은 일제 말기의 조선인 징병제였다. 1944년 조선인 징병 2기로 차출됐지만 신체검사에 불합격했고, 중학을 마친 후 아버지가 마련

• 조택원(趙澤遠, 1911~1976)은 한국 현대무용의 개척자이다. 일본 현대무용의 선구자인 이시이 바쿠(石井漠, 1886~1962) 문하에서 5년간 수학한 후 돌아와 1932년 조택원무용연구소를 설립했다.

한 직장인 고향의 세무서에서 일하게 된다. 숫자 놀음에 흥미가 없었던 그는 성악을 연습하고, 건축잡지를 탐독하는 것으로 예술적 내면을 채웠다. 그리고 해방이 되었다.

유현목을 대학에 보내려고 한 것도 어머니였다. 그가 목사가 되기를 간절히 바랐던 어머니의 권유로 감리교신학교에 원서를 냈지만 영어 성적이 부족해 낙방했고, 외갓집 친척이 주선한 연희대학교(해방 전 연희전문학교) 신학원 입학도 추천장을 잃어버려 무산된다. 하지만 그는 낙담하지 않았고 오히려 자신의 길이 목사가 아니라고 계시를 받았다고 확신한다. 1947년 동국대학교 국문과에 입학했다. 재수생 시절 고향의 교회에서 연극을 올리면서 본격적으로 희곡을 공부해야겠다고 마음먹었기 때문이다. 대학에 들어간 그는 극예술연구회의 멤버로 활동했고, 영화예술연구회를 직접 창립하기도 했다. 당시 동국대는 학생들이 주도적으로 연극과 영화를 공부하는 메카가 되었다.

해방이 되자 그동안 볼 수 없었던 미국, 프랑스, 영국 등 서양 영화들이 일제히 공개됐다. 그가 서울에서 대학을 다닌 가장 큰 소득이었을지 모른다. 특히 그를 충격에 빠뜨린 작품은, 중학생 시절 그를 사로잡았던 도스토옙스키의 동명 소설을 영화화한 피에르 셰날Pierre Chenal의 〈죄와 벌〉(1935)이었다. 문자의 《죄와 벌》에서 구현된 주인공 라스콜니코프•의 분열된 내면—죄의식과 구원, 현실과 환상 같은 긴장된 요소들—이 영화의 이미지로 펼쳐지자, 유현목은 무한한 감동을 받았다. 소설을 읽으며 떠올렸던 무채색의 정서도 회색 계조의 흑백영화에서 확인할 수 있었다. 훗날 그가 개척했다고 해도 과언이 아닌 문예영화의 연출 방법론, 즉 소설을 영화로 만든다는 감각은 이때부터 형성되기 시작했을 테고, '영화란 무엇인가'라는 근본적인 질문도 분명 함께였을 것 같다. 그는 이 영화를 개봉관에서 재개봉관을 거쳐 4번관까지 무려 열네 번을 봤고, 명동극장에서의 마지막 관람은 말라리아에 걸렸음에도 친구의 부축을 받아 간 것이었다. 영화감독이라는 구체적인 길이 이렇게 그 앞에 펼쳐졌다. 청소년 시절 과학과 예술에 대한 광폭의 모색, 내면으로의 끝없는 침잠과 정신적 성숙, 이 모든 것이 종합된 결과가 바로 영화였다.

> 내가 그 어릴 때부터 발명왕이 돼야겠다, 화가가 돼야겠다, 무용가가 돼야겠다, 음악가가 돼야겠다, 건축기사가 돼야겠다, 연극은 그 해 오던 거고, 소설도 하고…, 종합예술로서

• 'Raskolnikov'라는 성은 '분열'을 뜻하는 러시아어 'raskol'에서 유래한 것으로, 이를 주인공의 분열된 의식과 연관 지어 볼 때, 영화 〈오발탄〉의 창작 아이디어와도 상응하는 지점이 있다고 생각한다.

의 장르를 다 해, 경험했다 이거죠. 중요한 건 아니고 그 당시래도. 그 영화 그걸 보면서 진짜로 느낀 건, 이거다, 여기 음악도 있고, 미술도 있고, 다이알로그도 있고, 에… 그 내가 어릴 때 거쳐 온 사춘기 같은 것은, 이 모든 것이 이 영화 속에 있구나. 이렇게 결론지은 거지. 그래서 이제 영화감독 해야겠다.[1]

유현목은 진력을 다해 영화 공부를 시작했다. 당시 영화를 공부할 수 있는 가장 좋은 장소는 국립도서관•이었다. 일제가 남기고 간 일본어로 된 영화 서적이 있었고, 영화 관련 월간잡지도 접할 수 있었다. 물론 그는 해방 전까지 중학에서 일본어로 교육받은 세대였다. 그 시절 유현목은 도서관 입장료 5원을 내면 끼니도 해결하지 못할 정도로 어렵게 살았다. 사실 외가는 일제 치하와 미군정기를 거치며 돈을 많이 벌었고 외숙부도 서울에 살았지만, 혼자 생활을 해결하겠다는 자존심에 손을 벌리지 않았다고 한다. 도움을 받을 수 있는 고향 왕래도 쉽지 않았던 때였다. 그는 비누며 석유, 약까지 닥치는 대로 행상을 했고 고됨을 일상처럼 단련했다. 돈이 생기면 새벽부터 기다렸다 들어가던 국립도서관에서, 여름방학을 맞아 시나리오 교육 강좌가 열린 것은 그에게 영화감독의 구체적인 길을 제시하는

• 일제강점기 조선총독부도서관이 1945년 10월 재개관한 것으로 중구 소공동에 있었다. 1963년부터 지금의 국립중앙도서관으로 이름을 바꿨다.

계기가 되었다. 그의 증언에 의하면, 문학평론가 백철, 극작가 오영진 등이 강사로 나섰는데, 그때 한 선생으로부터 현장 경험을 해야 시나리오를 쓸 수 있다는 조언을 듣고 영화판에 합류할 길을 찾아 나서게 된다.

해방기의 '한국'영화 현장에서

강의가 끝나고 영화 촬영 현장을 쫓아다녔지만 스태프로 참여할 방도가 없어 막막해하던 어느 날, 유현목은 〈김상옥 혈사〉[*]라는 영화의 배우 모집 공고를 보고 찾아가 필기시험을 치르게 된다. 여러 영화 책을 탐독한 덕분에 만점을 받았는데, 조정호 감독은 피골이 상접한 그를 보고 배우가 아닌 조감독 자리를 제안한다. 하지만 영화는 제작비 문제로 진행되지 않았다. 그의 첫 번째 영화 현장은 임운학 감독의 〈홍차기의 일생〉

[*] 유현목은 조정호가 이 영화의 감독이었다고 기억한다. 유현목, 《예술가의 삶(20) 영화인생》, 혜화당, 1995, 61~62쪽. 당시 신문 기록을 찾아보면, 〈김상옥 혈사〉는 1948년 시점 안종화 감독이 연출하려던 영화였는데, 크랭크인 기사만 있지 실제 촬영에는 들어가지 못한 것으로 보인다. 유현목의 기억이 왜곡되었을 수 있는 부분인데, 그의 말이 맞다면 조정호가 먼저 프로젝트를 진행했거나 조정호가 조감독이었을 가능성이 있다.

(1948)에 조감독•으로 참가한 것이다. 그의 기억으로 16밀리 무성영화 시대극이었고, 일제강점기부터 연극과 영화에서 활동하던 배우 서월영이 출연했다.

그는 조감독 생활 중에 학교라는 울타리에 기대어 직접 영화를 연출하기도 했다. 대학 2학년 때인 1948년, 전국 대학 처음으로 영화예술연구회를 창설한 유현목은 직접 영화를 만들기 위해 나섰다. 모더니스트 시인이자 그때 동국대 국문과 교수였던 김기림을 지도교수로, 대학 입학 전부터 영화를 배우려고 따라다니던 김성민을 지도감독으로 모시고, 학교에서 지원받은 돈으로 영화제작에 착수했다. 그러나 지원금은 초기 제작비로는 턱도 없어, 학장에게 읍소하고 회원들이 구두와 시계를 파는 등 어렵게 제작비를 조달한 끝에 45분여의 발성영화로 첫 작품을 완성했다. 말하자면, 한국 최초로 대학에서 만든 학생영화였다. 아쉽게도, 이 영화의 프린트는 지방 극장을 순회하다 없어졌다고 한다.

이후 유현목은 본격적인 조감독 생활을 시작했다. 한반도에 한국전쟁이 발발하기 직전, 대학 졸업을 앞둔 시점이다.•• 이때

• 정확히는 제1 조감독이라기보다 연출부 스태프였을 것이다. 그는 그때 대학을 병행해야 했으므로 '조감독을 겸했다'고 말한다.

•• 6·25전쟁이 발발한 해인 1950년 2월경, 그는 동국대학교의 3년제 전문부의 국문과를 졸업했다.

그는 최인규의 프로덕션에 들어가려 했지만 성사되지 않았고, 1947년 윤봉춘과 이구영이 주도적으로 설립한 계몽문화협회[*]를 오가며 영화를 배우다가, 계속 인연을 이어 간 김성민의 영화에서 조감독을 맡았다. 유현목은 왜 최인규 문하에 들어가려 했을까. 최인규는 해방 전후 시기 한국영화를 대표하는 감독으로, '광복영화'의 대표작 〈자유만세〉(1946)를 만들었다. 당시 최인규는 영화 장비는 물론이고 연출 기법까지 능통한 테크니션으로 인정받았고, 유현목이 보기에 스토리텔링 전달에 급급한 다른 감독들과 달리 영화적인 연출을 해내는 감독이었다. 유현목은 최인규가 〈죄없는 죄인〉(1948), 〈파시〉(1949)를 만들 시점에 그의 연출부를 타진했지만, 그 문하에 이미 신상옥, 홍성기, 정창화 등이 포진해 있어 들어갈 틈이 없었다.

해방기 '한국'영화 개척자에는 최인규의 고려영화사만 있었던 것은 아니다. 당시 애국지사의 이야기를 영화화하는 것이 유행이었는데, 이를 주도한 영화사가 바로 계몽문화협회였다. 여기서 윤봉춘은 〈윤봉길 의사〉(1947), 〈유관순〉(1948), 〈애국자의 아들〉(1949), 이구영은 〈의사 안중근〉(1946), 〈삼일혁명기〉

[*] 해방 직후 조직된 계몽구락부에서 이어진 단체였다. 계몽구락부에는 출판부와 문화부가 있었으며, 이 가운데 문화부는 1945년 11월 이승만 박사의 일대기를 발성 환등으로 제작한 〈해방 조선〉을 순회 상영했고, 1946년 5월에는 〈의사 안중근〉을 만들어 개봉했다.

(1947)처럼 민족의식과 애국심을 고취하는 영화를 만들었다. 당시 부족한 기술 여건상 대체로 16밀리 필름으로 촬영된 영화들이다. 유현목이 구술한 이때의 흥미로운 에피소드가 있다.

사실, 우리가 아는 유관순 열사의 스토리는 1947년 시점에 발굴된 것이다. 이때 유관순의 고향인 충청남도 목천군•의 한 노인이 윤봉춘 감독을 찾아와 3·1운동에 앞장섰다가 체포되어 고문으로 생을 마감한 유관순의 이야기를 영화화하자고 제안했다. 윤봉춘은 기자를 불러 월간잡지 《희망》에 기사가 실리도록 한 뒤, 이를 기반으로 1947년 11월에 영화 〈유관순〉의 촬영에 착수했다.•• 유현목은 해방 후 진행된 유관순 조명 작업에 윤봉춘의 역할이 컸음을 기억한다.

> 해방 되면서, 어… 그 애국지사들 영화, 〈안중근 의사〉니, 뭐 〈윤봉길 열사〉니, 〈유관순〉 뭐, 〈이준〉(〈불멸의 밀사〉(서정규, 1947)—인용자 주) 그 주로 그런 애국투쟁 열사들이 많이 나왔다고. 관객이, 에… 그런 영화는 좀, 지금 보면 유치하지만, 그러나 그때 독립을 위해서 싸운 그들 하니까 관객들이 몰린다고.

• 지금의 천안시 동남구 병천면이다.

•• 유관순의 모교인 이화학교 학생들이 천안병천국민학교에서 '순국처녀 유관순의 밤'을 열어 공연을 하는 등 유관순 열사에 대한 국민적 추모가 시작된 것도 바로 이때부터다. 〈'유관순의 밤' 극영화도 촬영중〉, 《조선일보》 1947년 11월 30일자.

에… 뭐 〈유관순〉 같은 건 뭐, 초만원이고. 젊은 여자애가 하니까. 그 울분을 그, 식민시대 울분을 터뜨리느라고, 그 영화를 일부러 막 보는 거야. 걔들 박수도 쳐 주고.[2]

유현목이 독립투사 소재의 영화화에 대해 구술한 내용을 살펴보면, 식민지 경험에 대한 개인적 기억을 꺼내 놓기보다는 영화적 재현과 관객의 차원에서 증언하는 점이 눈에 띈다. 유현목이 명동의 계몽문화협회 사무실을 드나든 이유는 발굴한 소재가 어떻게 영화화되는지 지켜볼 수 있었던 것은 물론, 카메라 등 일제 시기로부터 이어진 영화 장비를 볼 수 있었기 때문일 것이다. 당시 그의 관심사는 오로지 영화 만들기에만 집중되어 있었던 것 같다.

해방기 한국영화 제작 편수는 1946년 4편에서 1947년 13편, 1948년 22편, 1949년 20편으로 늘었는데, 필름과 장비가 부족한 열악한 상황에도 불구하고 꾸준히 극영화가 제작되었음을 알 수 있다. 1948년에 유현목에게도 본격적인 조감독 역할이 주어졌다. 구술에서 정확히 제목을 기억하지 못했지만, 그는 김성민이 연출하고 이향과 남해연이 주연한 〈사랑의 교실〉(1948), 〈심판자〉(1949)에서 조감독을 한 것으로 보인다. 그의 증언에 의하면, 김성민 감독에게 기본적인 연출 기법을 배웠다. 일례로, 중간 것을 뽑아낸다는 의미의 일본식 영화 연출 용어

인 '나카누키(中抜き)'이다. 제작 현장에서 효율적이고 경제적으로 숏을 촬영하기 위한 방식인데, 시나리오에 줄을 쳐서 숏과 화면 사이즈를 나눈 다음, 순서대로 찍지 않고 한 번 카메라를 세팅한 방향에 맞춰 해당 숏을 몰아 찍는 것을 말한다. 이후 유현목은 1948년 9월 시점부터 착수됐던, 역시 김성민 연출의 〈전위대〉에 조감독으로 참가했고, 신상옥 감독의 데뷔작 〈악야〉에서도 조감독으로 일했다. 한창 현장 경험을 넓혀 가던 중에 6·25전쟁이 일어났고, 두 작품 다 중단되고 만다.

> 나는 나의 조수 생활에서, 주목적하여 탐구해 온 것은, 구미영화에서 주제 분석에는 과히 신경을 집중하지 않았는데 왜냐하면 그것은 소설이나 희곡에서도 공통된 과제이기 때문에 영화 연구에서는 영화 독자 양식이 갖는 미학에 더욱 관심을 갖었었다.
>
> 연간 편수가 적은 탓으로 여가가 많아 한 편의 영화를 두세 번 보는 것은 다반사이고, 반드시 노트에다가는 주제 파악, 구성의 분석, 인상에 남는 대사와 카메라 조작들을 기록하고 또 들여다보는 습성은 퍽 수학(修學) 시대의 결정적인 유익함이 아닐 수 없었다.[3]

대학을 졸업하고 전업 조감독으로 일하기 시작했을 때, 그는 시나리오를 쓰는 것보다는 영화의 테크닉이 무엇인지 집중적으로 고민했다.• 최인규, 안종화, 또 계몽문화협회의 촬영 현장을 가까이서 견학하고 식민지기에 영화를 배운 감독들의 조감독으로 일했지만, 본질적인 연출 공부는 독학할 수 밖에 없었다. 대학에서도 연극개론은 개설되어 있었지만 영화이론은 과목으로 배울 수 없었다. 그의 영화학교는 영화관이었다. 극장에 갈 때는 노트 지참이 필수였으며, 어두워서 잘 보이지 않았지만 감으로 숏바이숏을 기록한 후 집에 돌아와 다시 정리하는 식이었다. 자신이 재미있어서 하는 작업이었기 때문에 미진한 부분은 두 번 세 번 영화를 반복해 보며 분석 노트를 쌓아갔다. 감독으로 데뷔한 이후 그의 필모그래피 초반기를 규정하는 수식어처럼 '정열적인 테크니션'으로 성장하는 과정이었다.

• 유현목의 극영화 연출작 전체를 통틀어 그가 직접 시나리오를 쓴 작품은 단 한 편도 없다. 그가 영화의 시청각적 연출에 모든 에너지를 집중했음을 단적으로 보여주는 대목일 것이다. 한편 KMDb 크레디트를 기준으로 그가 각본을 쓴 유일한 작품은 〈최후의 유혹〉(정창화, 1953)인데, 이 역시 그의 증언에 의하면 각색 작업에 참가한 것이다.

전쟁에서 살아남아 영화 작업을 이어 가다

6·25전쟁이 발발했다. 유현목 역시 전쟁의 피해자였다. 혹독한 육체적·정신적 고초를 겪은 것은 물론, 어떤 가족은 잃고 어떤 가족은 생이별했다. 아버지와 바로 아래 남동생은 사리원의 과수원 움막에 피신했다가 유엔군의 폭격으로 세상을 떠났고, 해주예술전문학교에서 바이올린을 전공한 그다음 남동생은 북한군의 군악대에 차출된 이후 소식이 끊겼다.

전쟁이 일어나자 각 군과 관에는 속속 촬영대가 편성됐고, 영화인들은 그곳에 소속되어 영화 작업을 이어 갔다. 그런데 신상옥과 조명기사 함완섭 등이 합류한 대구 공군본부 촬영대로 가려고 서울에서 트럭을 기다리던 유현목은 국민방위군•에 징집되고 만다. 제주도로 보내진 그는 신체검사에서 불합격을 받아 피란민 수용소에서 반년 정도 지냈다. 수많은 사람들이 죽어 나가는 비참한 현실이었지만, 그는 시야를 멀리 두고 자

• 중공군 개입으로 병력이 급히 필요해진 이승만 정부는 1950년 12월 국민방위군을 창설해 만 17세 이상 40세 미만의 남성을 제2국민병으로 편성했다. 약 50만 명이 제대로 된 보급을 받지 못한 채 남쪽으로 이동해 경상남도·경상북도·제주도의 교육대에서 기초군사훈련을 받았으며, 그 과정에서 고위 간부들의 대규모 횡령이 드러난 '국민방위군 사건'으로 1951년 5월 해체되었다. 이는 이승만 정권의 부패와 부조리를 보여 주는 대표적 사례로 평가된다.

연을 위안 삼으며 버텼다. 그러던 중 피난 간 어머니가 목포에 있다는 소식을 듣고 찾아간다. 그곳에서 회복하던 중, 전쟁 전에 촬영하던 〈전위대〉가 전라남도 광주에서 연쇄극으로 흥행한다는 신문광고를 보고, 바로 김성민 감독을 위시로 신영균, 박암 등 지방 흥행을 다니는 배우들 사이에 끼게 된다.

연쇄극은 연극의 흐름 사이에 스크린의 영화 장면을 연결하는 상연 방식으로, 〈전위대〉 공연은 기왕 촬영해 놓은 필름을 연극무대에 활용한 것이었다. 순회공연을 따라다니던 유현목은 영화인들이 모여 있던 피란도시 부산으로 갔다. 비참한 환경이었지만 그래도 사람들은 살아갔다. 그곳에서 유현목은 〈최후의 유혹〉(정창화, 1953) 각본에 참가했고, 대구에서 재개된 〈악야〉(신상옥, 1952) 작업도 도왔다. 전후 〈미망인〉(1955)으로 최초의 여성 영화감독이 된 박남옥이 그때 부산 광복동에 살았는데, 그곳에서 최은희, 이민자, 김신재 같은 영화배우들이 자주 어울렸고, 유현목 역시 그 무리와 함께했다.[4] 그는 〈자유전선〉(김홍, 1955) 제작 초기에 조감독으로 참가하는 등 영화 일을 이어 가다, 휴전이 되자 서울로 올라왔다.

> 수복된 서울. 스산했던 명동의 영화사는 다시 술렁이기 시작했다. 맨손으로 월남한 노모와 어린 동생들을 부양할 아무런 힘이 없는 것을 새삼 뼈아프게 느끼고 수없이 울어 봤지만

이젠 돌아갈 수 없는 숙명의 영화인이 되어 있었다.[5]

전후 한국영화는 빠르게 성장했다. 1954년 3월부터 국산영화 입장세 면세 조치라는 정책적 동력이 있었고, 무엇보다 영화는 전쟁으로 지친 사람들에게 가장 큰 오락거리가 되어 주었다. 이런 분위기에 화답한 첫 번째 작품이 이규환의 시대극 〈춘향전〉(1955)이다. 전 국민이 알고 있는 원작에 춘향의 고난과 해피엔드가 주는 카타르시스 효과가 주효하여 영화가 전례 없는 흥행 성적을 거두자, 남대문시장 장사꾼들까지 나서서 영화 투자에 뛰어들었다. 바야흐로 한국영화 제작 붐이 일어난 것이다. 〈춘향전〉은 유현목의 조수 시절 마지막 작품이다. 그가 제1 조감독이었고, 제2에서 제4 조감독은 역시 훗날 감독으로 데뷔하는 정일택, 하한수, 최훈이었다. 유현목은 이 영화에서 처음으로 공식적인 조감독 보수를 받았다고 한다. 〈춘향전〉이 크게 성공하자 제작자들은 영화에서 '퍼스트'를 본 유현목을 잡으려고 너도나도 손을 내밀었고, 드디어 그에게도 감독 데뷔 기회가 찾아왔다. 열악한 제작 환경에도 영화 하나만 보고 묵묵히 실력을 쌓아 온 그였기에 어쩌면 당연한 수순이었다.

유현목이 생전에 남긴 글을 종합해 보면, 그에게 스승과도 같은 감독은 나운규와 이규환이다. 나운규는 정신적 스승이고, 일제강점기 때 나운규와 같이 작업했고 유현목이 마지막 조감

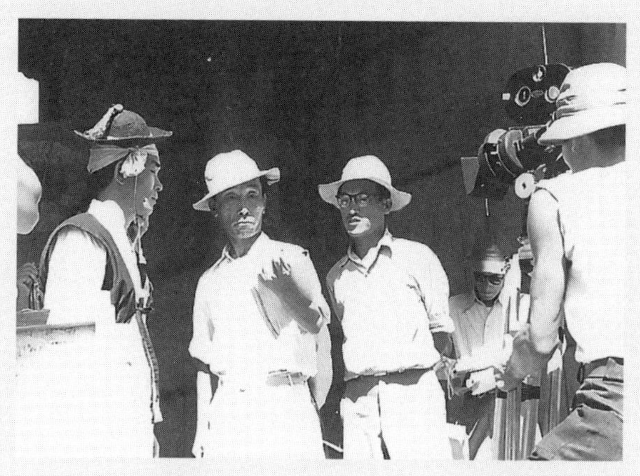

〈춘향전〉 촬영 현장에서. 중앙의 이규환 감독과 조감독 유현목.

〈춘향전〉 촬영 현장. 왼쪽부터 조감독 유현목, 배우 석금성과 조미령. 그 뒤로 촬영부 임진환, 연출부 하한수, 정일택.

독 역할을 해 준 이규환은 실질적으로 사사받은 감독이다. 유현목은 영화를 통해 일제에 대한 저항정신을 암시적이고 상징적인 방식으로 표출하고자 한 두 감독의 작가의식을 높이 샀다. 대중 관객과 만나는 상업영화이더라도 권력에 대한 저항정신을 영화 속에 숨길 수 있음을 눈여겨본 것인지도 모르겠다. 한국영화의 본류적 가치를 리얼리즘으로 설명하는 영화사가 이영일이 곧잘 유현목을 나운규와 연결해 설명하는 이유이기도 하다.

물론, 유현목이 나운규와 직접 만날 기회가 있었거나 그의 영화에 대해 구체적인 기억을 밝힌 적은 없다. 사리원 덕성보통학교 시절 재상영을 거듭하던 〈아리랑〉을 아버지 무릎 위에 앉아서 본 것과, 이 영화에서 식민지적 현실을 가장 압축적으로 드러내는 사막 장면이 어렴풋한 기억으로 남아 있는 정도다. 흥미롭게도, 유현목의 필모그래피에는 〈아리랑〉과 연결된 영화들이 있다. 이영일이 〈아리랑〉을 〈칼리가리 박사의 밀실〉(로베르트 비네, 1920)과 계보적으로 연결했던 것처럼,[6] 유현목의 〈춘몽〉(1965) 역시 캐릭터부터 배경까지 독일 표현주의 영화의 스타일•을 인용하는 한편, 악과 선의 대결을 보여 주는 〈아리

• 독일 표현주의 영화German Expressionist Cinema는 1920년대 독일에서 등장한 사조로, 왜곡된 공간과 강렬한 명암, 과장된 연기 등으로 인간의 내면 심리와 사회적 불안을 시각적으로 표현했다.

랑>의 사막 장면을 영화 속에서 오마주했다. 더 나아가, 유현목은 이강천(1954년), 김소동(1957년)에 이어 〈아리랑〉(1968)을 리메이크했으며, 원작의 서사 틀에 철도 폭파 사건 등 나운규의 실제 생애를 반영했다.[*]

한편 이규환 감독에게는 영화감독으로서 작품을 대하는 헌신적 태도를 배웠다. 이규환은 마치 훈련소 같은 금욕적인 방식으로 로케이션 촬영 현장을 운영했는데, 그가 생을 마감할 때 유현목에게 마지막으로 당부한 말은 "작품은 혼으로 만드는 거야, 혼!"이었다.

영화청년의 감독 데뷔, 기교에서 주제 의식으로

해방 직후부터 한국전쟁을 거쳐 환도할 때까지 유현목은 한국사의 가장 혼란스럽고 비극적인 현장의 한복판에 있었지만, 영화 공부에 열중하며 '영화청년'으로 살고, 영화 현장을 우선으로 지켰다. 그는 실제로도 죽을 고비를 여러 번 넘기며

[*] 나운규는 1921년 회령-청진 간 철도 폭파 미수 사건으로 붙잡혀 2년 동안 복역했다. 이때 독립군으로 같이 활동하고 복역한 윤봉춘은 유현목 버전의 〈아리랑〉에 마을 원로 박 교장 역으로 출연했다.

삶과 죽음, 절망과 구원이라는 문제를 몸과 마음에 새겼다. 대표적인 에피소드가 해방 이후 미·소가 분할한 38선을 넘어 목숨을 걸고 고향에 돈을 가지러 간 일이다.

당시 콜레라가 창궐해 육로를 이용하기 어려웠기 때문에 마포에서 무동력 범선을 타고 고향으로 출발했는데, 하루이틀이면 도착할 일정이 열흘 넘게 걸리는 바람에 바다 위에서 지옥 같은 시간을 보내고 겨우 진남포에 도착했다. 그는 북한군과 소련군의 검문을 피해 어렵게 고향에 돌아갔는데, 같은 배로 갔던 상하이 출신의 쌍둥이 자매 중 한 명이 배에서 탈출하다 사살되기도 했다.[7] 유현목의 구술채록을 진행한 조혜정도 후기에서 언급했지만,[8] 그가 밝힌 에피소드는 실제 경험이라고 하기에는 너무나 영화적이다. 하지만 실제 경험인 듯 영화 속 현실인 듯 경계가 모호한 기억, 그 자체가 예술가로서의 유현목을 잘 보여 주는 것 같다. 개인이 손써 볼 수도 없는 비극의 역사, 그 속에서 사람들이 만들어 간 지옥, 이를 관통하고 생환해 온 경험, 그리고 영화적 화법의 묘사가 만나 해방기 영화청년의 에피소드가 형성된 것은 아닐까.

휴전되고 얼마 지나지도 않은 1954년, 비록 먹고 살기도 어려운 환경이었지만 영화산업이 형성되기 시작했다. 이 시점에 이르러 비로소 '한국'영화가 성립된 데에는 무엇보다 관객들의 호응과 지지의 힘이 컸다. 〈춘향전〉의 대단했던 흥행은 퍼스트 조감독을 맡았던 유현목의 몸값까지 올렸고, 그렇게 연출부 생활 8년 만에 감독으로 전격 데뷔한다. 그는 행운이었다고 기억했지만, 그간의 고된 노력을 인정받았다고 봐야 할 것이다. 첫 연출작은 이청기의 오리지널 시나리오를 영화화한 〈교차로〉였다. 전후 사회 분위기를 반영한 멜로드라마였는데, 배우 조미령이 어릴 때 헤어진 쌍둥이 자매의 1인 2역을 소화했다. 지금 같은 컴퓨터그래픽 기술은 고사하고 스크린 프로세스 Screen process•조차 어렵던 촬영 환경에서, 카메라를 리와인드해서 같은 숏을 다시 찍는 아날로그 기법으로 두 자매가 서로 마주 보는 장면까지 찍어 냈다. 당시 대부분의 감독들은 시나리오에 줄을 쳐서 숏을 나누고•• 촬영하는 식이었는데, 유현목은 미리 콘티뉴이티continuity•••를 짜서 촬영에 임했고, 비록 부족한 조명과 오브제이지만 프레임을 채우고 영화적 장면을 만들어 냈다. 유현목의 첫 연출 현장은 카메라앵글로 관객들의 눈을 속여야 하는 장면이 많아 작업이 속도감 있게 진행되지 못했다. 무엇보다 정교한 촬영이 필요한 영화였기 때문이다. "이제야 영화감독 같은 놈이 생겨났다." 평론가들은 기교파 신인 감독의 탄

• 스크린 프로세스는 움직이는 도로, 풍경 같은 배경 화면을 미리 촬영해서 스크린에 투사하고, 그 앞에서 배우들이 연기하는 것을 촬영하는 합성 방식이다.

•• '글 콘티'라고 부르는 작업 방식이다.

••• 콘티뉴이티는 감독이 장면마다 구도, 카메라 움직임, 편집 타이밍 등을 시각적으로 설계해 놓은 연출 대본이다. 한국에서는 일본어식 줄임말로 '콘티'라고 부른다.

생을 이구동성으로 알렸다. 반면, 제작자들에게는 너무 공들여 만들고 진행이 느린 감독이라는 첫인상을 남겼다.

'참신한 기법'으로 주목받은 그에게 바로 두 번째 작품이 주어졌다. 당시 장르 구분으로 현대극•인 〈유전의 애수〉(1956) 역시 세련된 화법의 멜로드라마로 흥행에 성공했다. 방송극 작가 조남사가 쓴 첫 번째 시나리오에, 최무룡, 문정숙 등 무대 출신 배우들의 호연, 그리고 유현목의 범죄스릴러 장르 톤을 가미한 섬세한 연출이 화학작용을 일으킨 결과였다. 이청기, 이진섭 등 평론가들은 일제히, 한국영화가 현대 도시를 장르적 배경으로 삼아 현대성을 탐구하기 시작했다고 칭찬한다. 특히 허백년은 유현목을 "1956년도의 영화계가 낳은 가장 유능한 신진감독"이라고 상찬하며, "심리 묘사에 흥미를 갖고 있다는 것, 안티 드라마틱한 영화적 처리에서 내면적인 드라마를 끌어내려고 하고 있다는 것, 다큐멘타리적 디테일, 자신의 묘사를 중시함으로써 표현을 하려고 하고 있다는 것"을 그의 작품의 특질로 포착한다.[9]

노만 역시 〈교차로〉, 〈유전의 애수〉 단 두 작품을 발표한 유

• 1950년대 중반 한국영화는 서구식 장르 명칭보다는 크게 '시대극'과 '현대극'으로 분류됐다. 예를 들어 다음 기사는 1956년에 만들어진 국산영화 25편을 시대극 12편, 현대극 13편으로 분류한다. 〈영화가 걸어온 1년간, 성황 이룬 국산영화계/발전 위한 새로운 비판 촉구〉, 《서울신문》 1956년 12월 26일자. 이는 구극(시대극)과 신파(현대극)로 나누는 초기 일본영화의 분류법에서 기인했다.

현목이 '일류 작가가 되었다'고 평했다. 1956년 9월호 《국제영화》의 인터뷰 지면에서 당시 기자 노만의 물음에 유현목은 다음과 같이 답한다.[10]

노 그럼 이 작품(〈유전의 애수〉—인용자 주)에서 의식적으로 스릴을 기도하셨는지?

유 그렇습니다. 두 시간이면 두 시간, 관객의 심리를 자극시켜서 화면에서 눈을 떼지 않게 말초신경적인 수법을 쓰려고 했습니다. 말하자면 〈제3의 사나이〉(1949)• 같은 캐럴 리드의 스릴을 기도했던 것입니다.

노 앞으로는 이런 유의 스릴과 서스펜스의 작품을 만드시겠습니까?

유 그럴 작정입니다. 사실 스릴과 서스펜스의 그 연출은 감독에게 너무나 큰 부담입니다. 저는 그런 유의 작품이 오히려 제 생리에 맞는다고 생각합니다. 전 성격이 퍽 내성적이기는 하지만 어떤 광적인 그런 무엇이 있어요.

하지만 다음 작품에서 유현목은 장르적 모색과 동시에 작

• 캐럴 리드의 필모그래피에서 예술성과 장르적 완성도 모두 인정받은 대표작으로, 필름누아르의 미장센과 서스펜스 스릴러 구조, 전후 냉전적 정서를 결합한 미스터리 영화이다.

가주의적 테마를 찾는 것으로 연출 폭을 넓힌다. 세 번째 작품 〈잃어버린 청춘〉(1957) 역시 범죄영화 톤의 멜로드라마였는데, 흥행보다는 비평적 찬사를 받고 이해 작품상과 감독상을 휩쓸었다. 영화감독으로서 공식적인 첫 인정을 받은 셈이다. 그의 증언에 의하면, 전작까지의 영화 테크닉 과시에서 벗어나 영상으로 주제 의식을 표현하려고 고심한 첫 작품이다. 훗날 그는 〈잃어버린 청춘〉이 〈오발탄〉, 〈잉여인간〉으로 이어지는 작가의식의 출발점이라고 강조했다. 전후 한국 사회에 던지는 실존적 질문은 그의 필모그래피가 쌓여 갈수록 선명해졌다.

현재 한국영상자료원에 남아 있는 필름 중에서 그의 가장 앞선 작품인 〈그대와 영원히〉(1958)를 보면, 확실히 필모그래피 초기• 유현목은 할리우드 영화나 프랑스영화의 문법을 습득하는 데 열중했던 것으로 보인다. 당시 영화계에서 그를 주목한 지점이자 그 역시 골몰했던 '기교주의'는, 바꿔 말하면 서구 영화의 문법을 체화하는 데 성공했다는 말이기도 하다. 잘 알려지지 않았지만, 이 시점 그는 앨프리드 히치콕Alfred Hitchcock과 캐럴 리드Carol Reed의 작품에 대한 비평을 쓰기도 했다.[11] 그러나 유현목이 진정으로 빛난 지점은, 그가 습득한 영화적 기교를 그 자체로 끝내지 않고, 주제를 효과적으로 드러내는

• 〈오발탄〉(1961) 이전, 그의 1950년대 작품은 데뷔작 〈교차로〉부터 모두 일곱 편인데, 현재 〈그대와 영원히〉와 〈구름은 흘러도〉만 필름이 남아 있다.

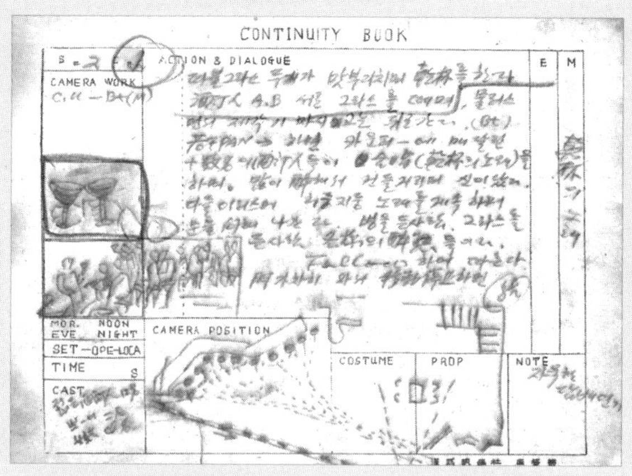

〈잃어버린 청춘〉의 콘티. 〈오발탄〉처럼 바bar 장면으로 시작한다.

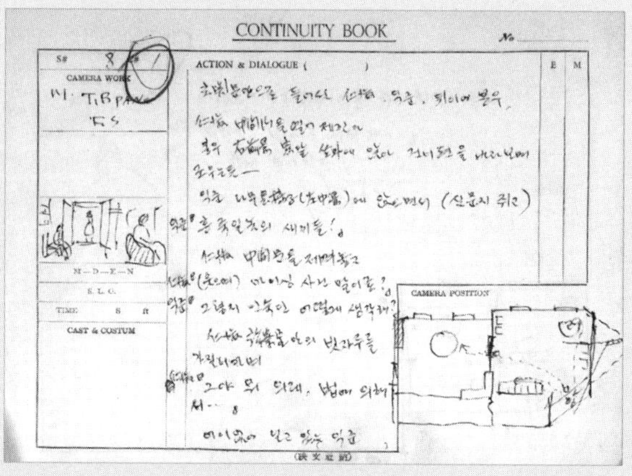

〈잉여인간〉의 콘티. 치과 진찰실 장면이다.

유현목의 연출 세계를 이해하는 가장 좋은 방법은 그가 남긴 콘티뉴이티를 살펴보는 것이다. 1960년대 유현목이 직접 도안한 콘티뉴이티 용지가 시중에서 인쇄·판매되어 영화계에서 쓰였다고 한다.[31]

영화적 미학으로 즉각 전환해 냈다는 데 있다.

처음 몇 작품은 이제 테크니션으로서 기법 중심의 생각을 했는데, 이젠 좀 대체로 기법을 알겠다 하는 조금 자존심이, 자존심이 생길 때 주제 의식이나 문제의식을 찾아야겠다. 그런 것들이 이제 어… 〈잃어버린 청춘〉, 음 그것이 어 상도 타고. 그때부터 이제 에, 이젠 제대로 어떤 테마를 찾아야겠다. 자꾸 이런 거 중심이 돼. 근까 그때 조금 나 잘 팔리던 때야. 왜냐면 어 〈교차로〉 보고 아 저놈, 한국에 처음 영화감독 같은 놈이 생겼다, 이 (말이—인용자 주) 나올 정도로 하니까 팔리는 감독이었다고. 이렇게 몇 군데서 시나리오 가져오는데. 그기 뭐 성에 안 차. 에, 그 뭐 단순한 멜로드라마 같은 거, 누가 맨들어도 될, 에 거저 적당히 스토리만 따라가면 되는 캐메라 위치, 앵글 그다 그기 쉬운 건데, 그 나는 자꾸 심각파니까. (웃음) 어 깊이 같은 걸 생각하게 돼요. 그니까 그 경솔한 러브스토리나 이런 멜로드라마엔 취미가 없었고. 그게 아무래도 좀 내 식의 걸 찾으려고 하니까. 많이 제작하겠다고 시나리오를 가져오는데 거 많이 거절을 했어요. 에 그땐 참 초기엔 잘 팔리는 감독이지. 그 후 이제 〈오발탄〉 이후에 좀 망했지만은 (웃음).[12]

유현목은 당시 한국 관객에게 가장 친숙한 장르인 멜로드

라마를 빌려 영화언어를 체화하고 자신만의 색깔을 찾아갔다. 나는 그의 초기 필모그래피를 놓고 각도를 틀어 더 얘기하고 싶다. 〈유전의 애수〉와 〈잃어버린 청춘〉 두 작품 모두 소장 평론가이자 각본가인 유두연의 시나리오였다. 〈유전의 애수〉는 "프랑스영화 〈인생유전Les Enfants du paradis〉(마르셀 카르네, 1945)과 미국영화 〈애수Waterloo Bridge〉(머빈 르로이, 1940)를 연상시키는 작품"[13]으로 평가받았고, 〈잃어버린 청춘〉의 각본은 일본영화 〈요루노오와리(夜の終り)〉(1953) 시나리오에서 빌려 온 이야기로 드러났다. 〈잃어버린 청춘〉은 일본영화 시나리오를 표절했다는 의혹이 처음 불거진 한국영화이다.[14] 한국영화 제작 편수는 갑자기 늘어나는데 오리지널 시나리오는 부족했던 1950년대 후반, 일본영화 '시나리오'의 표절은 영화계가 취할 수 있는 가장 현실적인 돌파구였다. 영화사와 유두연이 만든 각본을 유현목이 연출했으니 그를 탓할 수는 없다, 같은 이야기를 하려는 것이 아니다. '한국'영화의 개척기, 영화감독이 서구 영화와 일본영화의 영향을 직간접적으로 받고 이를 자신의 작품으로 표출한 것은, 영화 매체의 논리상 흠이라기보다 당연한 수순이었다. 특히 유현목에게는 연출력을 가다듬으며 여덟 번째 작품 〈오발탄〉으로 모든 역량을 응축시키는 과정이기도 했다.

〈잃어버린 청춘〉 이후 여덟 번째 작품 〈오발탄〉 이전까지, 그는 각기 다채로운 방향으로 네 편을 만들었다. 대규모 스튜

〈잃어버린 청춘〉 촬영 현장에서. 이 영화에서 진구(최무룡)의 행보는 〈오발탄〉의 영호와 겹쳐진다.

디오 환경을 활용한 덕분에, 정교하고 양식적인 촬영이 돋보이는 범죄와 구원의 멜로드라마 〈그대와 영원히〉, 오영진의 희곡 《살아있는 이중생 각하》를 원작으로, 사장 이중생(김승호)의 가짜 장례식 연기로 희비극을 직조해 평단의 호평을 받은 〈인생차압〉(1958), 문정숙의 호연과 함께 전후 미망인 멜로드라마의 격조를 높인 것으로 평가받은 〈아름다운 여인〉(1959), 재일교포 소녀 야스모토 스에코(安本末子)의 일기 《니안짱(にあんちゃん)》[•]의 원작 배경을 삼척 탄광촌으로 번안하고 한국 사회에 대한 희망을 빌어 본 〈구름은 흘러도〉(1959)가 그것이다. 〈인생차압〉과 마찬가지로 당해 감독상을 휩쓴 〈구름은 흘러도〉는 의외로 흥행에도 성공하며, 그해 김기영의 〈10대의 반항〉(1959)과 더불어 작품성과 흥행성이 동시에 타진될 수 있음을 증명했다.

〈오발탄〉의 성과,
그 이후

감독 유현목 씨는 조명가 김성춘·카메라맨 김학성 씨 등과

• 1958년 11월 일본에서 《니안짱 10세 소녀의 일기(にあんちゃん 十才の少女の日記)》라는 제목으로 처음 출간되어 베스트셀러 반열에 올랐다. 일본에서는 이마무라 쇼헤이(今村昌平)가 영화화한 〈니안짱(にあんちゃん)〉이 1959년 개봉했다.

짜고 이범선 원작 이종기 각본 〈오발탄〉의 촬영에 들어갔으며 이 제작에는 출연 배우들도 우선 보수를 받지 않고 참여하리라는 기이한 현상도 나타났다.[15]

신진소설가 이범선 씨의 단편소설《오발탄》의 영화화가 유현목 감독으로 촬영이 진행 중에 있다. 영화기술자협회장인 김성춘, 카메라맨 김학성 그리고 영화감독 유현목 등 3씨의 동인제 제작형식으로 출발한 동 영화는 작품의 예술적인 가치에 찬동한 스태프와 출연자들이 최저의 생활비만 받고 무보수로 출연하는 이색작인데 각색은 이종기, 이이령, 음악에 김성태 등 제씨이고 김진규, 최무룡, 서애자, 문정숙, 윤일봉, 김혜정 등이 출연한다.[16]

1960년 4·19혁명으로 이승만의 자유당 정권이 무너지자, 지체 없이 유현목은 이범선 원작의 〈오발탄〉 프로젝트를 현실화시켰다. 식민지기 조선영화계부터 활동한 영화계 원로인 조명기사 김성춘, 촬영기사 김학성과 뜻을 같이한 동인제 방식이었다. 전후 한국 사회의 비참한 현실을 고발하는 무거운 주제 의식의 영화에 선뜻 제작비를 댈 흥행업자들이 없었기 때문에, 김성춘이 제작비를 조달해 필름을 살 수 있을 때마다 촬영을 재개하는 방식으로 느리게 진행됐다. 하지만 자유당 정권에서라면 제작할 엄두도 내지 못할 내용이었기 때문에, 영화를 대하는 제작진의 열정은 그 어느 때보다 뜨거웠다. 바로 4·19와 5·16 사이, 정치적 혼란기였지만 그 어느 때보다 문화적으로 자유로웠던 시기였다. 개봉 전 시사실에서부터 여러 사람의 입에서 "우리 영화사상 가장 훌륭한 작품이라는 평가"가 흘러나왔다.[17]

사실 〈오발탄〉은 1996년 4월 한국에서 영화 매체에 대한 정치적 검열이 철폐될 때까지, 그 어떤 작품보다 가장 강력한 사회비판적 영화로 자리매김해 왔다.* 꼬박 1년이 걸려 완성된 영화는 1961년 4월 12일 전야제를 시작으로 13일에 개봉해 21일까지 9일 동안 국제극장에서 상영했다. 하지만 영화가 개봉한 바로 다음 날인 14일, 관계 당국이 다시 심의를 진행하면서 〈오발탄〉의 본격적인 고난이 시작된다. 뒤이어 5·16군사정변이 일어났고, 이 영화를 재검열한 박정희 군부 세력은 상영을 무기한 보류시켰다. 유현목의 증언에 의하면, 원작자 이범선도 5·16 이후 설치된 중앙정보부에 매일 출근하듯이 불려 가는 고초를 겪었다고 한다.

〈오발탄〉의 작품적 운명이 4·19와 5·16을 거치며 희비의

* 1996년 3월 28일 헌법재판소가 영화 사전심의제도가 위헌이라고 판결한 후, 1996년 4월 1일부터 사전검열이 폐지되었다. 1997년 10월 11일부터 한국공연예술진흥협의회(현 영상물등급위원회)를 통한 등급부여제도로 변경되었다.

극단을 오간 다음, 유현목은 사극 프로젝트에 참가했다. 바로 〈성웅 이순신〉(1962)과 〈임꺽정〉(1961)이다. 후자는 5·16쿠데타로 군사정부가 들어선 후 만들어져, 민중의 히어로 임꺽정을 내세우면서도 그 저류에 부패한 권력의 몰락과 새로운 권력의 등장을 표시했다. 〈성웅 이순신〉은 1959년 여름에 착수됐다가 중단된 후, 박정희의 성웅 사업과 맞물려 공보부 영화금고의 첫 지원금을 받게 되어 1962년 4월 개봉했다. 유현목은 시민회관에서 열린 시사회에서 박정희가 이순신이 백의종군하는 장면에서 손수건으로 눈물을 훔치는 모습을 목도하고, 그가 이순신을 숭배한다고 확신했다. 당시 한국영화계가 사극의 스펙터클을 구현할 역량이 부족했기 때문에, 두 작품 다 그에게는 도전적인 프로젝트였다. 전자는 해상 선박 신, 후자는 집단적인 기마 신이 한국영화사상 처음으로 등장한 작품이었다. 유현목의 사극 장르 도전은, 〈성춘향〉(신상옥, 1961)의 기록적인 흥행 성공• 이후 1960년대 초반 극장가를 강타한 대작 사극 붐과 연동되어 있었다. 정권이 국가주의와 민족 정체성을 강조하는 가운데, 한국식 대형 사극은 할리우드 영화를 참조한 시각적 볼거리를 제공하며 관객의 관심을 사로잡았다.

후속작은 다시 멜로드라마로 돌아갔다. '멜로 리얼리즘'을

• 서울 명보극장 단관에서만 74일간 상영하며 38만 이상의 관객을 동원했다. 그 이전 기록은 이규환의 〈춘향전〉(1955)이 세운 18만 명이다.

〈오발탄〉 촬영 현장. 왼쪽부터 배우 최무룡, 유현목 감독, 배우 문혜란, 촬영기사 김학성.

표방했던 〈아낌없이 주련다〉(1962)는 흥행은 물론이고 작품상과 감독상을 휩쓸며 그에 대한 평단의 지지가 확고함을 알렸다. 한운사 극본의 인기 라디오(HLKA) 연속극을 원작으로, 1·4 후퇴 시기 부산을 무대로 한 '미망인 멜로드라마'이다. 전후 여성의 얼굴이라고 해도 과언이 아닐 이민자가 호연했고, 그녀와 사랑에 빠진 청년 역의 신성일이 청춘영화로 스타덤에 오르기 직전에 주목받았다. 부산 다대포에서 촬영된 러브신은 개봉 전부터 화제가 되었다. 연상의 여성과 젊은 남성이 해변에서 사랑을 나누는 익숙한 장면은 1957년 4월에 개봉해 한국 관객들의 마음을 사로잡은 〈지상에서 영원으로From Here to Eternity〉(프레드 진네만, 1953)가 그 원전일 것이다. 이 영화는 대중의 사랑을 받은 연속극을 원작으로 만든 멜로드라마 장르임에도 어떤 미학적 시도를 보여 줬길래 평론가들의 찬사를 받았을까. 영화는 지금 볼 수 없지만, 각본가 신봉승이 남긴 글을 참조할 수 있다. 그는 "천정의 등이 깨지고, 유리 다 깨지고, 배전판의 스위치를 끄는 것도 어떤 불안감을 조(助)하는 데 만족했으며, 이민자가 사장실을 뛰쳐나올 때 착암기(록 드릴)의 삽입"[18] 같은 인서트 숏의 적절한 연출을 포착했다. 1960년대 유현목의 특징적 스타일이었던 몽타주 숏이 대중 멜로에서도 사용되었음을 알 수 있다. 이처럼 유현목이 지향한 '리얼리즘'은 당대 사회 현실이나 인간의 내면을 고찰하는 주제 의식의 반영인 동시에,

작가주의적 미학 혹은 예술성, 그 자체를 의미하는 것임을 감지할 수 있다.

문예영화,
혹은 번안영화를 관통하며

1960년대 한국영화계에서 문예영화는 특별한 영역이었다. 감독에게는 문학 원작의 예술성을 담보해 작가주의 영화를 모색할 수 있는 기반이 되었고, 영화사로서는 당국의 '우수영화 보상제도'로 우수영화에 선정되면 수익이 담보되는 외화수입 쿼터를 받을 수 있었기 때문에, 제작자와 창작자 모두에게 제작 동기를 부여했다. 1966~1968년이 정점이었던 문예영화의 제도적 유행 이전부터 유현목은 동명 소설을 원작으로 한 〈김약국의 딸들〉(1963), 〈잉여인간〉(1964), 〈순교자〉(1965)를 차례로 작업하며 그만의 예술영화 화법을 세련시켜 갔다.

1962년 연말 일본의 인기 대중작가 이시자카 요지로(石坂洋次郎)의 번안소설 《가정교사》가 베스트셀러 1위를 차지한 가운데, 2위로 한국문학의 자존심을 지킨 소설이 바로 박경리의 《김약국의 딸들》이었다. 경남 통영 로케이션 촬영 전에 박경리가 유현목, 배우 최지희와 만나 원작의 각본화는 물론 '소설적인 묘사를 영화적인 영상'으로 바꾸는 작업에 대해 숙의할 정도로 진지한 프로젝트가 진행됐고,[19] 둘째 딸 용빈이 통영으로 돌아오는, 소설과 다른 버전의 영화 결말에 대해서 박경리가 직접 비판하기도 했다.[20]

손창섭의 《잉여인간》은 《오발탄》과 더불어 한국의 전후문학을 대표한다. 1964년 〈오발탄〉이 출품되어 샌프란시스코국제영화제에 참가한 직후 유현목이 선택한 원작으로, 전후 한국 사회의 궁핍한 내면을 다양한 인간 군상이라는 비판적 프리즘으로 형상화했다. 1964년 미국에서 발간된 김은국Richard E. Kim의 영문 소설 《순교자The Martyred》의 영화화는 유현목이 직접 자기 이름을 내건 프로덕션을 설립해 진행했다. 1965년 시점 당국에 등록된 17개 영화사만 공식적으로 영화를 제작할 수 있어, 유현목프로덕션 같은 독립 프로덕션은 등록 영화사의 이름을 빌리는 '대명(貸名) 제작' 방식으로 영화를 만들었다. 1965년 한 해만 해도 〈순교자〉 외에, 〈저 하늘에도 슬픔이〉(김수용), 〈갯마을〉(김수용), 〈흑맥〉(이만희), 〈시장〉(이만희), 〈비무장지대〉(박상호) 등이 이 방식으로 제작되었다. 현대 영화의 제작 시스템으로 보면, 투자배급사의 이름을 빌려 프로듀서들이 직접 제작한 것이다.

2003년 진행된 구술채록에서 유현목은 본인의 작품 중 5선으로 〈오발탄〉, 〈순교자〉, 〈막차로 온 손님들〉(1967), 〈장마〉

(1979), 〈사람의 아들〉(1980)을 뽑았고, 7선으로 넓히면 〈김약국의 딸들〉과 〈잉여인간〉을 포함시켰다.[21] 소설을 원작으로 한 문예영화가 당시 한국영화는 물론, 그에게도 창작의 원천이었음을 명백히 보여 주는 대목이다.

한국영화는 1960년대 중후반 문예영화라는 제도적 장르를 활용해 품위를 지킬 수 있었지만, 그 이전까지는 산업적 확장에 치중한 나머지 여러 시행착오를 겪었다. 1950년대 후반부터 불거진 일본영화 '시나리오' 표절 문제도 영화계의 골칫거리였다. 1960년대 들어서는 무단 표절이라기보다, 일본에서 영화화된 소설의 원작자에게 동의를 받고 해당 일본영화의 시나리오를 번안해 쓰는 비공식 리메이크 방식으로 진행됐다. 문예영화의 기반을 다지는 데 기여한 유현목 역시, 당시 영화산업이 주도한 이 같은 방식을 따라 일련의 작품을 연출했다. 이시자카 요지로의 소설을 영화화한 〈푸른 산맥(青い山脈)〉(니시카와 가쓰미, 1963)이 원작인 〈푸른 꿈은 빛나리〉(1963), 전후 일본영화의 모더니스트인 마스무라 야스조가 연출한 1961년작 동명 영화를 리메이크한 〈아내는 고백한다〉(1964), 일본에서도 성적 검열의 대표작으로 기록되는 〈백일몽(白日夢)〉(다케치 데쓰지, 1964)이 원작인 〈춘몽〉(1965)이 그것이다. 청춘영화와 멜로드라마인 앞의 두 작품을 통해서는 그의 대중영화 스펙트럼이 확장되었고, 〈춘몽〉에서는 그가 꿈꿔 오던 실험영화 언어를 충무로

상업영화에 적용해 보는 흔치 않은 기회를 잡았다. 당시 한국 영화가 상업적 스펙트럼 확장을 모색하는 과정에 그 역시 합류한 것이다.

한편 그는 또 다른 현실로 발걸음을 옮겼다. 일본 시나리오를 베낀 '번안 청춘영화'가 1964년을 정점으로 극장가에서 유행하는 가운데, 유현목은 한국 땅에 발 디딘 청년들의 이야기에 주목하기도 했다. 4·19와 5·16 사이의 시간을 배경으로 신성일이 분한 기상학과 대학생이 학원백서를 발표하려는 고투를 그린 〈푸른 별 아래 잠들게 하라〉(1965)이다. 원래는 군 인권 문제로 사회적 논란이 컸던 최일병 연서 사건 실화를 영화화하려던 것인데, 당국의 저지를 받자 최금동이 새로운 이야기를 만들었다. 이른바 '왜색영화'에 대한 영화계 내부의 우려와 자정의 목소리가 커지고, 〈푸른 별 아래 잠들게 하라〉 같은 오리지널 프로젝트들이 일정한 실마리가 되어, 영화업계의 일본 시나리오 표절 제작 경향은 1965년부터 꺾였다.

〈춘몽〉의 고초, 그 이후

에로티시즘 재현을 두고 제작자의 상업적 모색과 창작자의 예술적 도전이 만났던 〈춘몽〉 프로젝트는 유현목을 고난에 빠뜨렸다. 1964년 12월부터 착수했던 영화가 지난한 심의 과정 끝에 1965년 7월에 개봉된 것만을 두고 하는 말이 아니다. 이 영화 때문에 그는 1966년 1월 4일 음화제조 혐의로 기소됐다. 영화 속 여인이 신사에게서 벗어나려는 장면에서 배우 박수정의 뒷모습 나신을 촬영했던 유현목은 '자체검열 의식'이 발동해 해당 숏을 영화에 쓰지 않았지만, 기어코 문제가 된 것이다. 동시에 그는 반공법 위반으로도 기소됐다. 1965년 3월 23일 세계문화자유회의 한국 본부가 주최한 '은막의 자유'라는 세미나에서 "(반공이라는) 국시를 최고로 계몽 주입시킬 수는 없을 것"이라고 한 발언이 문제가 되었다. 당시 〈7인의 여포로〉 사건으로 반공법 위반 재판을 받던 이만희 감독에게 지지 의사를 표하면서 나온 말이었다. 영화감독이 음화제조 혐의로 기소된 것은 한국영화사상 처음 있는 일이었고, 반공법 위반 기소는 이만희에 이어 두 번째였다. 반공법 위반은 장기간 재판이 이어진 끝에 1969년 9월 24일 항소심 공판에서 1심에 이어 무죄를 받았지만, 음화제조 건은 1심의 벌금형에 대한 선고유예로 결국 유죄판결이었다.

충무로 초유의 실험이었던 〈춘몽〉이 공개된 이후, 1960년대 후반기부터는 유현목의 필모그래피에 새로운 경향이 추가됐다. 그는 코미디와 공포영화라는 무엇보다 흥행을 감안한 장르를 시도하는 한편, 영화사가 수익과 직결되는 외화수입쿼터를 받을 수 있는 반공-문예영화 연출에 진력했다. 〈춘몽〉 바로 다음에는, 한 농촌 마을의 관개공사를 둘러싼 주민들의 갈등을 묘사한 농촌-정치 드라마 〈태양은 다시 뜬다〉(1966)를 연출했다. 신상옥의 〈쌀〉(1963)보다 늦게 도착한 박정희 정권기의 프로파간다 영화이다. 1964년에 착수했던 영화는 중앙정보부까지 나선 지난한 검열을 견딘 끝에 1966년에야 공개됐다. 1966년 전후 시점부터 그는 직업감독으로서 계속 생존할 수 있을지, 어떻게 생존해 갈 수 있을지 고민이 많았던 것 같다. 이를 돌파할 방편이 장르 스펙트럼을 넓히고, 해외 영화제 출품이나 우수영화 선정을 염두에 둔 광의의 국책영화들을 연출하는 것이었다.

〈특급 결혼작전〉(1966)과 〈공처가 삼대〉(1967)는 각각 중앙방송(JBS)과 동아방송(DBS)의 라디오 연속극을 영화화한 것이다. 두 편의 코미디가 연달아 성공하며 연출 폭을 넓혔다는 평가를 받았고, 같은 장르 경향으로 희곡 《토끼와 포수》를 영화화한 〈몽땅 드릴까요〉(1968)를 추가했다. 한국 전설을 3부작 옴니버스 형식으로 구성한 공포영화 〈한〉(1967)과 〈속(편) 한〉(1968)은 마치 동양화가 펼쳐지는 듯한 정제된 이미지에 에로티시즘과 그로테스크를 결합한 환상적 연출로 걸작이라는 찬사까지 들었다. 고바야시 마사키(小林正樹)가 연출한 옴니버스

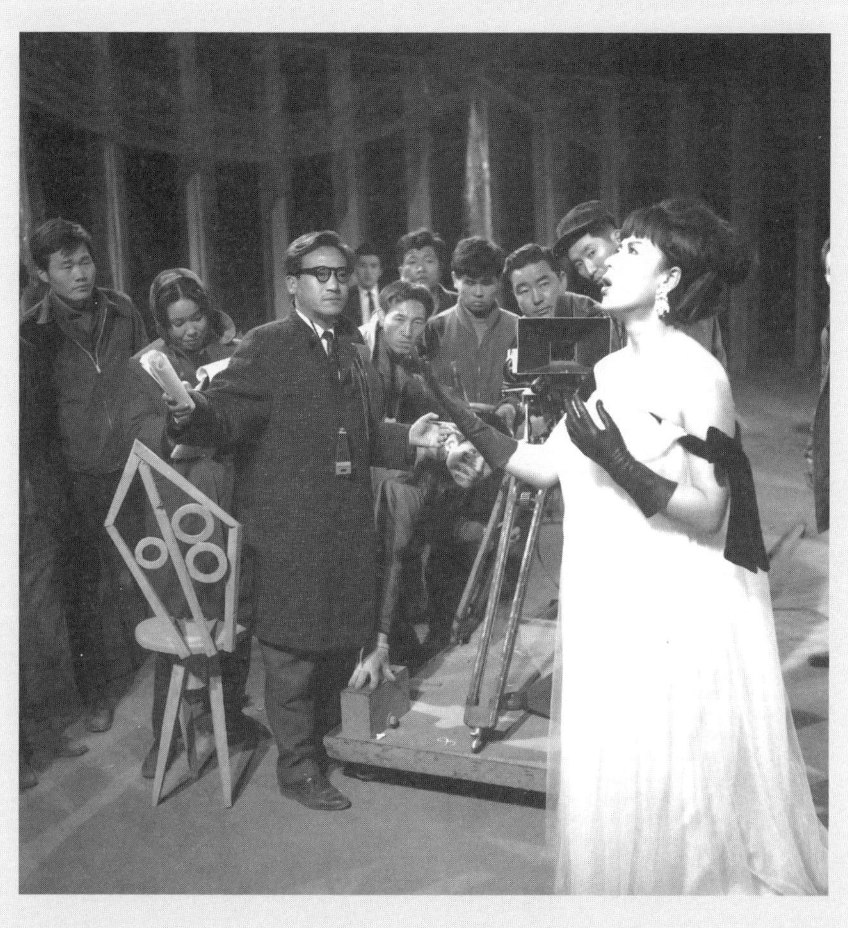

충무로의 전례 없는 실험, 영화 〈춘몽〉 촬영 현장.

4부작 〈괴담〉(1965)을 형식적 레퍼런스로 삼았지만, 한국의 전설에서 취한 오리지널 스토리인 점이 주목받았다.•

유현목의 반공영화 작업은 황순원 소설 원작의 〈카인의 후예〉(1968), 공보부의 시나리오 현상공모 당선작을 영화화한 〈악몽〉(1968), 유치진 희곡 원작의 〈나도 인간이 되련다〉(1969)를 거쳐, 1970년대에는 선우희 원작의 〈불꽃〉(1975), 윤흥길 원작의 〈장마〉(1979)로 이어졌다. 그의 반공영화 역시 영화사의 영리를 위한 우수영화 선정이 목적이었지만, 그 앞에는 반드시 예술적이라는 수식어가 붙었고, 도식적 반공 묘사보다는 이데올로기에 희생당하는 사람들의 이야기가 미학적 영상과 맞물려 펼쳐졌다. 유현목은 반공주의자인가? 아닐 수도 있지만 그럴지도 모른다. 인민재판의 잔혹함을 생생히 목격하고 월남한 그에게 반공주의는 국가이념이기 이전에, 체험에서 비롯된 정서적 반응이었을 수 있다.

> 만일 '반공'이라는 국시 때문에 언제까지 괴뢰군을 인형으로만 설정하고 그래서 생명을 부여하지 않는다면 대저 갈등은 어디에서 만들어 내고 드라마는 어떻게 꾸려가며 영화예술의

• TV 시리즈 〈전설의 고향〉에서 "내 다리 내놔" 에피소드의 원전이 바로 〈한〉의 3화이다. 한편 〈한〉 연작의 시나리오를 쓴 이상현은 1960년대 후반에 유현목, 신상옥, 김수용 등의 주요 작품에서 각본을 맡았다.

차원은 어떻게 높여간다는 것인가? 최고의 예술이 최고의 정치임과 마찬가지로 영화예술의 차원 높은 표현의 수단을 빌리지 않고 국시를 최고로 계몽 주입시킬 수는 없을 것이다.[22]

이처럼 이만희를 지지하는 발언으로 반공법 위반 혐의를 받고 국가적 폭력에 노출됐지만, 사실 세간에 알려진 것처럼 '대한민국의 국시(國是)는 반공일 수 없다'라는 대담한 표현을 발설한 것은 아니었다. 그가 세계문화자유회의 세미나에서 발제했던 정확한 문구는 "영화예술의 차원 높은 표현의 수단을 빌지 않고 국시를 최고로 주입할 수는 없을 것이다"[23]였다. 이는 당시 그의 발제문 요지를 실은 여러 일간지에서 반복적으로 확인된다. 이후 이 말은 검찰의 주장을 전하는 언론보도에서 유현목이 '대한민국의 국시는 반공이 아니라 자유'라고 말한 것으로 와전됐고,[24] 그 역시 구술채록에서 이를 인정하는 듯 반복하기도 했다.[25] 어쩌면 '반공은 방법'일 뿐이라는 언급이 당시 그의 진정한 속내였을지도 모르겠다.

다시 질문을 바꿔 보자. 유현목은 왜 반공영화를 만들었을까? 아마도 그만의 영화 작업을 지속하기 위해서였을 것이다. 다만, 반공영화를 연출해야 한다면 기존 영화에서 흔히 보이듯 국군의 총에 북한군이 일제히 쓰러지는 도식적 재현을 거부하고, 사람이 아닌 시스템의 차원에서 이데올로기를 사유하는 영화를 만들고자 했다. 비록 체제가 원하는 반공영화를 만들더라도 그가 견지하는 영화의 예술성이 확보될 수 있다고 자신했던 것 같다.

예술영화 감독으로 각인되다

1960년대 중반은 한국영화계에도 프랑스 누벨바그를 위시한 모던 시네마•의 정신과 스타일이 영향을 미쳤다. 이만희의 〈만추〉(1966), 〈귀로〉(1967), 김수용의 〈안개〉(1967), 이성구의 〈장군의 수염〉(1968) 같은 모더니즘 영화가 그 성과였다. 이에 앞선 1966년 3월, 유현목 역시 서구 모더니즘 영화에 영감을 받은 〈공갈(恐喝)〉 프로젝트를 진행한다. 평생 영화비평에 몸담았지만 각본 작업에도 에너지를 쏟았던 이영일의 오리지널 시나리오였다. 이 영화와 관련해, 《영화예술》지 기자의 질문에 유현목은 다음과 같이 말한다.

• 세계영화사에서 1950년대 후반부터 등장한 모더니즘 영화는 전통적인 사실주의적 재현 방식과 고전적 내러티브의 연속성을 의도적으로 파괴하거나 거리두기를 통해 세계에 대한 불확실성과 개인의 내면적 고통을 시각적으로 형상화하려는 경향으로 파악된다.

記者 시나리오를 읽으면서 전 이런 생각을 해 보았습니다. 이번 〈공갈〉은 한국영화가 보여 주었던 한계점을 극복할 수 있는 영화가 되지 않겠나 하는 것입니다. 가령 이야기 자체는 식모에서부터 인텔리까지 재미를 가지고 볼 수 있다는 점, 그러면서도 지적 수준이 높은 사람들은 높은 차원의 테마를 볼 수 있는 그러한 스타일이 되고 있습니다.

兪賢 바로 그 점입니다. 미켈란젤로 안토니오니의 〈정사〉, 〈태양은 외로워〉 같은 작품을 보면은 거기 나오는 인물들은 커뮤니케이션이 단절된 인간상을 볼 수 있었습니다만 이번 〈공갈〉은 한 걸음 나아가 심층(心層)과 심층의 근원적인 연결에서 깊은 인간성의 유대의 화목을 보고 있습니다.[26]

실존적 불안을 형상화한 안토니오니의 영화를 레퍼런스 삼았던 〈공갈〉은 배우 신성일이 그해 자신의 야심작이라고 언급까지 한 영화였지만, 완성되지 못했다. 이만희, 김수용, 이성구, 또 정진우 같은 충무로의 실력 있는 감독들이 모더니즘 영화 화법에 골몰한 1960년대 중후반, 유현목은 현대인의 소외의식과 고독을 탐구한 〈막차로 온 손님들〉(1967)로 그의 대답을 전한다. 영화평론가 변인식은 유현목이 완성한 모던 시네마에 '영화의 본질을 향한 쿠데타'라고 상찬했다.[27] 〈막차로 온 손님들〉은 한국 사회에 불현듯 도착한 현대를 살아 내야 하는 인간

군상을 그린다는 점에서 〈오발탄〉과 〈잉여인간〉의 세계관과 겹쳐진다.

대종상 영화제 반공영화작품상으로 영화사에 외화수입쿼터를 안긴 한편, 국내 영화제의 작품상과 감독상을 휩쓸기도 했던 〈카인의 후예〉처럼, 유현목은 매번 주어진 영화들에 자신만의 미학을 새겨 넣으며 예술영화 감독으로서의 지위를 꿋꿋하게 유지했다. 1960년대 후반기 작품들은 여전히 그가 창작의 전성기를 유지하고 있음을 보여 준다. 나운규(1902~1937) 작고 30주기를 기해 1966년에 착수했던 〈아리랑〉(1968)과, 정진우·김기영 감독과 함께 가발을 모티브로 청년 역의 신성일로 3편을 연결시킨 옴니버스영화 〈여〉(1968)의 환상편을 연출했다. 또, 우수영화 선정과 해외 영화제 출품을 두루 염두하고 만든 〈종야〉(1967)와 〈수학여행〉(1969)이 있다. 전자는 가톨릭 신부가 되려는 신학생(신성일)과 정신적으로 방황하는 여성의 멜로드라마로, 역시 안토니오니의 영향이 감지되는 작품이다.* 선유도 어린이들의 서울 방문 실화를 솜씨 좋게 영화로 엮은 후자는 테헤란국제아동영화제와 인도국제영화제에서 각각 작품상과 특

* 1967년 한국영화계의 제28회 베니스국제영화제 출품작 선정은 전례 없이 치열했다. 출품작으로 결정되는 2편에는 외화수입쿼터 보상이 따랐기 때문이다. 유현목 작품으로는 〈종야〉와 〈공처가 삼대〉가 공보부 출품작 심사에 참가했지만, 〈물레방아〉(이만희, 1966)와 〈꿈〉(신상옥, 1967)이 출품작이 되었다.

별상을 수상했다. 〈공갈〉처럼 야심 차게 착수했지만 완성하지 못한 영화도 있다. 사촌간 결혼으로 빚어진 가족의 비극을 다룬 〈회전목마〉•는 유현목이 집중했던 주제인 현대인의 내면을 탐구하는 영화였지만, 1969년 촬영 도중에 제작사 문제로 중단되었다.

1969년을 정점으로 한국 영화산업은 침체 국면에 접어들었다. 1972년 10월 출범한 박정희 유신정권이 1973년 2월 '유신영화법'을 시행하면서, 한국 영화산업은 노골적인 국가 주도의 관리 체제로 재편되었다. 1980년대로 이어지는 장기 불황의 서막이 시작된 것이다. 유현목의 1970년대 필모그래피••는 두 남편과의 관계로 비극을 맞이하는 멜로드라마 〈여보〉(일명: 두 여보)(1970)로 시작됐다. 1969년 영화계의 에로티시즘 유행에 편승해 제작된 영화였으나, 검열로 인해 일처이부제 설정은 거의 모두 삭제되었다. 후속작으로는 방영웅 원작의 〈분례기〉(1971)를 연출해 문예영화에서 그만의 작가적 인장을 확인시켰다. 〈분례기〉를 비롯해, 외화수입쿼터와 대종상 작품상을 노리고 제작되어 실제 수상까지 거둔 〈불꽃〉(1975)과 〈장마〉(1979), 이 세 작품은 1970년대 유현목이 창작적 한계를 넘어 도달한 마지막 결실이었다. 그 외, 가야금 명인의 이야기 〈문〉(1977)과

• 현재, 〈회전목마〉는 촬영 원본인 오리지널 네거티브필름과 녹음대본이 남아 있다.
•• 1960년대 25편의 극영화를 만들었던 유현목은 1970년대에는 7편을 연출했다.

통일신라 배경의 사극 〈옛날 옛적에 훠어이 훠이〉(1978), 문예진흥원 주최 시나리오 공모 수상작 〈다함께 부르고 싶은 노래〉(1979)가 있다. 어쩌면 당시 제작된 영화들은 문공부의 우수영화, 해외홍보영화 같은 목적성에 휘말려 버린 결과물이었을지 모른다. 이렇게 유현목의 창작 에너지가 소진되고 있었다.

> 내가 영화감독 되면서 내 전반기에는 사회부조리나 이런 사회문제 했다고 하면 〈잉여인간〉, 〈오발탄〉 뭐 그때, 또 후반에는 종교, 〈순교자〉, 〈사람의 아들〉 뭐 한 거지. 그래 그 〈순교자〉 하도 기독교 욕을 먹어서 〈사람의 아들〉은 정통 그 기독교 돌아오는 그 얘기거든. 오해하는 분들 면제 좀 봐주시오. 이게 다 어려운 영화야. 흥행되지도 않고. 다이얼로그 투성이이고.[28]

1965년 김은국의 영문소설이 번역되어 베스트셀러가 되고 유현목의 영화 〈순교자〉까지 등장하자, 보수적 기독교계가 신의 존재를 부정했다고 반발하며 사회적 파문이 일었다. 관람 보이콧까지 일어나자, 부산 개봉 때는 유현목이 방송에 나가 목사들과 대담을 하고 신앙심을 증명해야 할 정도였다.[29] 변인식 역시 포착했던 것처럼, '신의 침묵'이라는 문제의식에 매달렸던 〈순교자〉는 로베르 브레송Robert Bresson의 〈어느 시골 본당 신부의 일기Journal d'un curé de campagne〉(1951), 특히 잉마르

베리만Ingmar Bergman의 〈제7의 봉인The Seventh Seal〉(1957)에서 영화적 영감을 받았다.[30] 이문열 원작의 〈사람의 아들〉(1980)은 신에 대한 회의(懷疑) 끝에 새로운 신을 창조하려다 결국 정통적 기독교로 회귀하는 민요섭을 통해 유현목의 기독교적 세계관이 매듭지어지는 작품이라 할 수 있다. 서사 전개와 밀착된 영화적 표현이 돋보인 〈사람의 아들〉은, 사실상 그의 필모그래피를 마감한 작품이다.

유현목은 충무로 극영화 연출 외에도 같이 일하는 후배 영화인들을 건사하기 위해 1972년 유프로덕션을 설립하고 문화영화를 제작하고 연출했으며,[•] 1976년 동국대학교 연극영화학과 교수로 취임해 영화학 저서와 번역서를 내놓으며 후학을 양성했다. 한국기독교 100주년 기념사업협의회가 제작한 흑인 혼혈아의 교화 과정을 그린 〈상한 갈대〉(1984)를 거쳐, 그의 마지막 극영화는 1995년에 개봉한 〈(엄마와 별과) 말미잘〉이었다.

해방과 한국전쟁은 한국 근현대사의 전환점이자 깊은 상처를 남긴 비극의 역사였다. 유현목은 이 격변의 시기를 온몸으로 통과하며 삶 그 자체를 영화에 밀착시켰고, 수많은 생사의

• 유현목은 미완성인 〈회전목마〉를 제외하면, 모두 42편의 극영화를 연출했다. 그의 비(非)극영화 필모그래피에 대한 전체 상은 본격적인 연구가 필요한 영역이다. 1973년부터 유프로덕션에서의 연출작은 물론, 문화영화 〈산업시찰〉(서울경기 편, 1969), 기록영화 〈조국의 등불〉(2부작, 1990), 실험영화 〈선〉(13분, 1964)과 〈손〉(50초, 1967)을 포함해 현재 KMDb 기준으로 22편에 달한다.

갈림길을 견뎌 낸 끝에 마치 운명처럼 영화감독이 되었다. 그는 〈오발탄〉에 이르기까지 서구 영화문법을 체화하며 자신의 스타일을 모색했고, 〈오발탄〉에서는 이전까지 공들인 범죄 멜로드라마 장르와 예술영화의 화법을 교직하며 한국영화사상 가장 빨리 모던 시네마에 도달했다. 작가 히노 게이조(日野啓三)가 안양촬영소에서 후반 작업 중인 영화를 보고 "정녕 영화적인 영화이며 새로운 영화"•라고 주목했던 것은, 당대 한국에서 〈오발탄〉을 '리얼리즘'을 화두로 설명한 것과 구별된다. 상업적 압박을 받기 시작한 〈춘몽〉 이후에는 예술영화 감독으로 살아남기 위해 역설적으로 새로운 장르에 도전했다. 동시에 반공영화 역시 설득력 있게 만들기 위해 고심했고, 정권의 통치 이데올로기에 부합하는 문화영화 제작도 이 시기에 본격화되었다.

우리는 유현목을 〈오발탄〉으로 대표되는 예술영화 감독으로 기억하지만, 혹은 흥행과는 거리가 먼 감독으로 오해하고 있지만, 그의 필모그래피는 장르영화와 예술영화가 복잡한 층

• 일야계삼(日野啓三), 〈외국인이 본 우리 영화/〈오발탄〉, 국제 수준의 문제작/탁월한 색채 처리 〈성춘향〉〉, 《한국일보》 1961년 2월 18일자. 다음 책에도 발췌되어 있다. 전양준·장기철 책임편집, 《닫힌 현실, 열린 영화-유현목 감독 작품론》, 90~91쪽. 히노 게이조는 1960년 시점 일본 요미우리신문 특파원으로 한국에 머물렀다. 일제강점기 조선에서 어린 시절을 보낸 그는 도쿄대학 사회학과 졸업 후 요미우리신문에서 일했다. 문예평론가와 소설가로 활동했는데, 한국과 베트남 체류 경험을 창작 기반으로 삼았다.

시네아스트 유현목.

위로 구성되어 있으며 자신이 원하는 영화를 만들기 위해 고군분투한 역사 그 자체이다. 그가 남긴 극영화 42편은 1960년대에 전성기를 함께 보낸 감독들에 비하면 과작임이 분명하다. 1950년대 전후 성장기에 7편, 1960년대 중흥기에 25편, 1970년대 침체기 이후 10편으로 구성된 그의 필모그래피는, 유현목이 20세기 한국영화의 역사적 궤적을 가장 치열하게 관통한 작가주의 감독임을 증명해 보인다.

그렇다고 해서 그가 대중 관객의 사랑을 원하지 않았다고 말할 수 있을까. 그는 한국형 작가주의 영화인 문예영화에 열중했지만 이를 하나의 공식으로 남발하지 않았고, 멜로드라마를 경계하면서도 그 누구보다 근사한 멜로의 순간들을 길어 올렸으며, 코미디와 공포영화 같은 새로운 장르에 도전할 때마다 평단과 관객의 감각을 동시에 사로잡았다. 국가와 영화 자본의 노골적인 이해가 교차하는 반공영화조차 그의 연출 세계 안에서는 단선적 이념이 끝모를 심연으로 변주된다. 그의 영화세계를 관통하는 정서적 핵심이 '절망과 구원'이었다면, 검열과 자본, 흥행의 압력 속에서도 그 반복을 가능하게 한 것은 '생존'의 감각이었다.

"유현목은 영화다"라는 변인식의 선언은, 그래서 이렇게 다시 읽힐 수 있다.

'유현목은 한국영화다.'

2장

불온한 걸작의 여정 : 〈오발탄〉의 제작과 검열

〈오발탄〉 시나리오를 보고 있는 제작진. 왼쪽부터 조명기사 김성춘, 한 사람 건너 배우 윤일봉, 서애자, 이대엽, 김혜정, 그리고 감독 유현목과 촬영기사 김학성. 김성춘 옆은 영화평론가 허백년으로 보인다. 그는 당시 영화윤리전국위원회 부위원장이었다.

1959년 10월 《현대문학》에 이범선의 동명 소설이 실리자마자 영화화 기획과 시나리오 작업에 착수한 〈오발탄〉 프로젝트는, 1960년 4·19혁명 직후 본격적인 제작에 들어가 거의 1년 후인 1961년 4월 13일에 개봉했다. 당시 일반적인 상업영화에 비하면 제작 기간이 꽤 길었던 셈인데, 검열 이슈가 컸다기보다는 흥행을 지향하는 영화가 아니어서 제작비 조달이 힘들었기 때문이다. 촬영은 멈췄다 재개됐다를 반복했고, 덩달아 시나리오도 계속 수정됐지만, 4·19혁명과 1961년 5·16군사쿠데타 사이의 문화적 유화기를 틈타 한국 사회의 음울한 현실을 정면으로 응시한 유례없는 영화로 완성됐다. 당시 신문의 상영 광고에는 '4·19 1주년'을 기념하는 작품이라는 홍보 문구가 붙었다.

〈오발탄〉이 겪은 본격적인 고초는 개봉 다음 날부터 시작되었다. 영화의 절망적인 정서가 문제가 되어 당국은 재심의에 들어갔고, 4월 20일 베를린영화제 한국 출품작 심사에서는 〈오발탄〉이 떨어지고 〈마부〉가 선정되었다. 21일까지 상영된 영화는 벚꽃놀이 시즌인 흥행 비수기였음에도 관객들의 발길이 이어졌지만 결과적으로 흥행 성적이 좋지는 않았다. 정권 찬탈에 성공한 군사정부의 내무부는 〈오발탄〉을 '불순영화' 목록에 올렸고, 여러 부처의 국장이 검열위원으로 참가한 재검열 끝에 후속 상영을 무기한 보류시킨다. 이 영화를 살려 낸 것은 미국발 지지였다. 1963년 7월, 공보부 국립영화제작소 강의 때문에 한국에 체류해 있던 미국의 영화학자 리처드 다이어 맥캔Richard Dyer MacCann이 〈오발탄〉에 대한 공개적인 지지 의사를 표명한 데 이어, 샌프란시스코영화제에 초청되고 미국의 MGM영화사가 작품 수입 의사를 밝혔다. 당국은 1963년 8월 23일 상영 보류를 해제한다. 몇몇 대사와 장면을 삭제하고 영화 마지막에 혁명공약 제4항을 자막으로 삽입하는 조건이었다.

영화는 1963년 10월 12일 을지극장에서 재개봉해 31일까지 19일간 6만 4천이 넘는 관객을 동원하는 깜짝 놀랄 성공을 거뒀다.[32] 10월 말에는 샌프란시스코영화제에 출품되어 유현목은 물론 주연 배우 김진규와 공보부 영화과장 김동석이 도미했다. 심의서류를 검토하면 몇 차례 더 재상영을 추진한 것으로 보이는데, 이후 영화는 묻혔다. 이 영화에 대한 정권의 거부감은 이후로도 계속되어 유신정권기까지 이어졌다. 영화진흥공사가 광복 30주년을 기념해 전국 도시를 순회한 한국영화 30년 감상회에서 〈오발탄〉은 다시 검열을 받아 상영 금지됐다.[•] 〈자유만세〉(최인규, 1946)를 선두로 한국영화사의 정전이 구축되기 시작한 첫 상영전에서 〈오발탄〉이 제외된 것이다. 하지만 공식적으로 금지된 것은 아니었다. 1983년 11월 한국영화평론가협회

• 당시 기사의 문장을 옮기면 다음과 같다. "문공부 검열에서 문제작으로 지적돼 상영할 수 없게 됐다." 〈광복기념 감상회/〈오발탄〉 상영금지〉, 《경향신문》 1975년 8월 8일자.

가 영진공 시사실에서 개최한 '한국영화 재조명' 행사에서 〈오발탄〉을 상영하고, 유현목 감독과 평론가들이 영화에 대한 의견을 나누기도 했다.

이후 〈오발탄〉이 재발굴된 것은 1986년 이후 대학가 상영회를 통해서였다. 11월 한국외국어대 영화동아리 '울림'이 개최한 유현목영화제 상영을 시작으로,[•] 〈오발탄〉은 전국 20여 개 대학을 순회하며 문화운동의 텍스트가 되었다. 관에서 공식적인 복권이 이루어져 대중 상영이 가능해진 것은 1989년부터다. 아마도 1988년 서울올림픽을 앞두고 월북작가 해금 조치가 시행된 사회 분위기와 무관하지 않을 것이다. 그런 흐름 속에서 1989년 10월, 영화진흥공사가 한국영화 70주년을 기념해 '연대별 한국영화감상회'를 열면서 〈오발탄〉이 대중 앞에 다시 모습을 드러냈다. 그리고 이듬해 12월, 동국대학교 연극영화학과 대학원 주최로 한국필름보관소(현 한국영상자료원)에서 열린 '유현목영화제'에서 대표작 여섯 편 가운데 하나로 상영되었다.

〈오발탄〉은 1960년대 한국 사회의 정치적 격변기에 개봉과 재개봉을 거치며 평론가들의 지지를 끌어모았으나, 1970년대에는 일반 관객이 접할 수 없는 상태가 지속되면서 주로 신문기사 속에서만 걸작으로 언급되곤 했다. 1980년대 후반 대학

• 〈오발탄〉부터 〈사람의 아들〉까지 모두 10편을 16밀리 필름으로 상영했다. 〈외대 '유현목영화제' 19일 개막〉, 《조선일보》 1986년 11월 12일자.

가를 통해 정치적·영화적 가치가 다시 조명되면서 한국영화를 대표하는 작품으로 자리매김했으며, 마침내 1990년 전후 시점부터는 한국영화사의 대표작으로 공인되며 대중에게도 확고히 각인되었다. 〈오발탄〉의 정전화는 이렇게 이루어졌다.

영화의 시작

영화 〈오발탄〉이 만들어지게 된 이야기의 가장 첫머리는 무엇일까. 이종기가 1959년 10월 《현대문학》에 발표된 〈오발탄〉을 "내 자신이 마치 작품의 주인공이나 된 것 같은 기분에 사로잡혀" 두 번 내리 읽고는 소설가 이범선을 직접 찾아가 만난 후 시나리오를 구상하면서이다.[33] 이종기는 누구인가. 1956년 무렵부터 전창근 감독의 조감독으로 일했던 그는 〈종말없는 비극〉(이강천, 1958) 같은 시나리오 작업도 겸하고 있었다. 촉망받는 신진 영화인이었던 그는 아마 그때 시나리오를 쓰며 감독 데뷔를 준비하고 있었을 것이다. 그의 이력과 관련해서 흥미로운 기사가 하나 있다. 1959년 11월 11일자 《동아일보》에 실린 〈영화계에 젊은 지대/이채로운 두 오인조 탄생/'우리필림'과 '신예푸로'〉가 바로 그것이다. 기사는 상업영화 중심의 한국영화계에 전위적인 작품 활동을 하겠다고 나선 두 그룹을 주목한다. '우리필림'에는 일본에서 귀국한 프로듀서 전홍서, 시나리오 작가 김지헌, 이병일과 이용민의 조감독 출신인 이성구와 이강원이라는 신진 영화인들과, "예술적 양심을 견지하고 있는" 유현목 감독이 고문 격으로 가세했고, '신예푸로'는 전창근의 조감독 출신인 이종기와 김기덕, 최인규 영화의 스크립터 출신인 홍은원, 촬영기사 장환과 조명기사 윤영운•이 함께 결성했다. 젊은 영화인들이 의기투합한 두 그룹은, 말하자면 한국의 뉴웨이브 영화를 꿈꿨던 것으로 보인다. 이들의 대표작은 '신예푸로'의 이름을 내걸고 이성구가 연출한 〈젊은 표정〉(1960)과 〈정열없는 살인〉(1960), '우리필림'은 직접 제작한 작품은 없었지만 극동흥업의 〈여판사〉(홍은원, 1962) 등의 프로젝트로 인력이 이어졌다. 다시 이종기가 시작한 〈오발탄〉 이야기로 돌아가자.

형 철호의 운명과 절망 의식에 "항거해 봤으면 하는 의욕" 속에서 시나리오를 구상했다는 이종기는 다음의 여섯 가지를 고민했다. ① 원작이 제시한 테마를 어떻게 영화적으로 표현할 것인가? ② 원작에서는 등장인물의 **행동성**이 전연 없다. ③ 이성 간의 **애정 문제**가 보편성을 띤 연애 문제를 초월한, 즉 보다 새로운 형태로 그려져야 한다. ④ 이 작품의 핵심인 '가자!'의

• 이후 촬영기사를 겸하며 '윤영선'이라는 이름으로 활동했다.

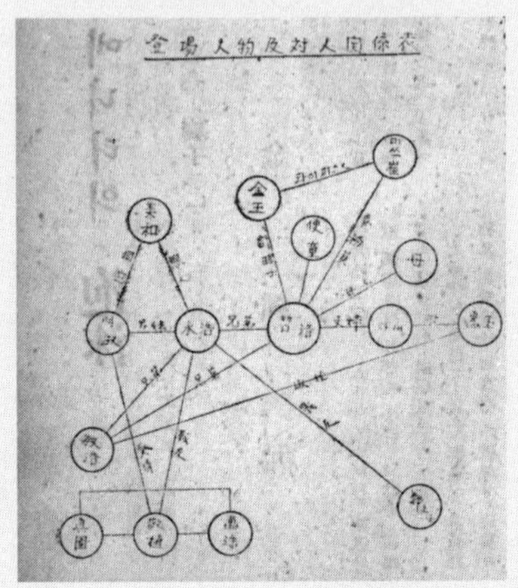

자료 1. 이종기가 작성한 인물구성표, 《씨나리오 문예》 제6집, 81쪽.

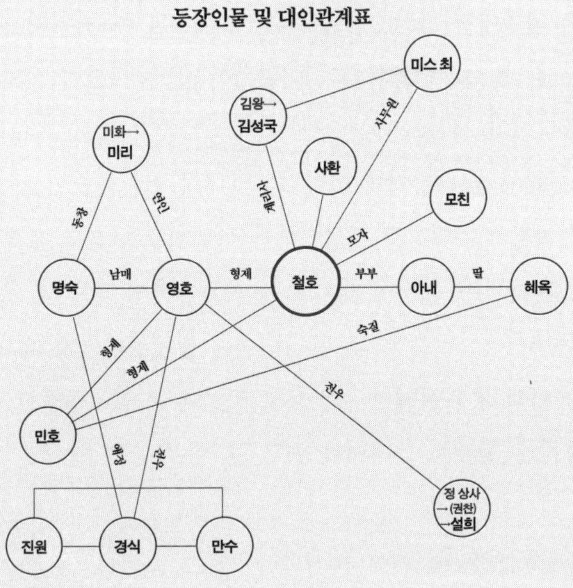

취급을 어떻게 할 것인가? ⑤ 사건의 필연성 ⑥ 라스트신 문제.[34] 이러한 고민의 결과는 후술할 〈오발탄〉 분석 장에서 구체적으로 다룰 것이다. 특히 볼드체 표시한 것에서 볼 수 있듯이, 영호의 은행 강도로 수렴되는 '행동성'과 영호와 배우 미리의 '애정 문제'에 대한 고민은 이종기가 창작한 것임을 주목하고 싶다. 〈오발탄〉에 상이군인 동생 영호의 분량을 만들어 넣은 것도 그의 아이디어였다. 더 나아가 예술성과 대중성의 조화, 그리고 정치적으로 민감한 부분에 대한 고민까지, 영화 〈오발탄〉의 기초가 이종기의 구상으로 만들어졌음을 알 수 있다. 그는 조감독 출신답게 시나리오는 물론, 인물구성표(자료 1), 각자의 성격표, 시퀀스 설정 및 신 일람표까지 꼼꼼히 작성했다.

시나리오 버전'들'

영화는, 말 그대로 4·19혁명을 기점으로 본격화됐다. 〈오발탄〉의 영화화 소식이 언론 지면에 가장 먼저 등장한 것은 1960년 4월 20일자 《동아일보》의 기사 〈감독 기술자들이 주동/영화계 동인제로 불황타개〉에서다. 4월 말부터 본격적인 촬영에 들어간다는 4월 23일자 《조선일보》 기사에서는 유현목이 직접 다음과 같이 밝혔다.

현대라는 부조리한 사회구조 속에서 인간이 아무리 발버둥 쳐봤자 소용없다는 문학이 표현한 철학적인 과제를 **영화에서 어떻게 표현할 것인가**를 시도한다는 데 의욕이 생긴다. 그러나 원작에서 그려진 것이 절망상황이기 때문에 어떻게 인간을 구원할 수 있는 방향을 찾느냐 하는 데 작가적인 고민이 있다.

그러나 좋은 영화를 만들겠다는 스태프와 출연자들의 열의가 반드시 좋은 성과를 가져오리라고 믿는다.

실제 촬영에 들어간 것은 6월로 보인다. 1960년 6월 22일자 《동아일보》 기사는 "과작이지만 항상 문제작을 고르고 있는 유현목 감독이 근 1년 만에• 이범선 원작, 이종기 각색 〈오발탄〉의 촬영에 착수"했다고 알렸고, 같은 날짜 《조선일보》 기사는 이종기와 함께 이이령이 각색을 담당했다는 정보를 추가했다. 〈오발탄〉 각색자로 이이령의 이름이 공식적으로 등장하는 순간이다. 현재까지 밝혀진 〈오발탄〉 시나리오 중 가장 앞선 버전은 《씨나리오문예》 제5집(1960년 3월 1일 발행)에 실린 것이다. 이 버전에서 공동 각본 크레디트에 이종기와 이이령이 같이 명기됐다.

나는 이 시나리오를 '4·19 이전 버전'으로 규정할 것이다.

• '근 1년 만에'는 부정확한 정보이며, '해를 넘겨' 정도의 의미로 이해된다.

이것과 후술할 '촬영 착수용 시나리오' 및 그 이후 버전들과의 가장 큰 차이점은[•] ① 영호가 권총을 구하게 되는 오설희의 존재가 없고, 권찬이라는 영호의 동창인 현역군인이 등장하는 것, ② 영화에서는 결국 빠지지만, 영호가 병원에서 죽을 병에 걸렸음을 인식하게 되는 장면(#51)과 미리의 기자회견 장면(#60)이 설정되지 않은 것이다. 구술에서 유현목은 4·19 이후 수정된 시나리오 버전에 정치색이 많이 반영됐다는 뉘앙스로 증언하지만,[35] 사실 사회 현실을 보여 주는 풍경의 인서트는 최초 버전부터 있었고, 오히려 영호와 설희가 빚어내는 멜로드라마 플롯이 추가됐다. 한편 영화의 최종 크레디트에서 이종기는 각색으로, 이이령은 윤색으로 이름을 올렸다.[••]

이종기가 소설의 각색 프로젝트를 주도한 것은 분명해 보

[•] 신 숫자로 보면, '4·19 이전 버전'은 117신, '촬영 착수용 시나리오'부터는 122신이다.

[••] 이후 책으로 만들어진 시나리오 버전에서는 이이령의 이름을 찾을 수 없다. 이종기가 처음부터 각색을 주도했다면, 아마도 이이령은 초기 시나리오에 참가한 업적이 인정되어 마지막에 '윤색' 크레디트로 정리한 것으로 보인다. 한편 영화사가 김종원의 증언에 의하면, 〈오발탄〉 시나리오 작업은 꽤 많은 신진 영화인들이 함께 했다. "1960년 가을이 아니었나 싶다. 그때 유 감독은 내로라하는 영화인들이 즐겨 모이는 명동의 나일구 다방을 외면하고 부근의 다른 다방에 포진했다. 자리는 협소했으나 〈오발탄〉 각색을 맡은 이종기, 조흥정, 이이령 등과 나소운, 홍은원과 같은 시나리오 작가들이 드나들었다." 김종원, 〈실향민의 비애 녹여낸 〈오발탄〉의 유현목 감독: 취기가 돌면 부르던 '고향' 한 소절〉, 2018.8.14. https://www.kmdb.or.kr/story/178/3666. 한편 김종원이 언급한 '다른 다방'은, 촬영 착수용 버전의 표지에 '분실시 연락 요망'이라고 같이 써 놓은 명동 향자원 다방이 아니었을까.

인다. 앞서 검토했던, 그가 쓴《씨나리오문예》제6집 지면의 마지막 문단에서 "신 일람표가 없어진 뒤에 원고 청탁이 와서" 실을 수 없었다고 밝히고 있는데, 이는 한국영상자료원(이하 영상자료원)이 〈오발탄〉 제작실무 자료로 보존하고 있는 '〈오발탄〉 신 리스트'(관리번호: ZK0000472)로 추정된다. 이 리스트는 '4·19 이전 버전' 시나리오와 같이 117신으로 구성되어 있다. 다시 촬영 착수 시점으로 돌아가자.

제작진이 촬영에 착수했을 때의 시나리오는 이종기가 최종 각색을 담당한 것으로, 영상자료원이 오리지널 시나리오(관리번호: CKN002169)로 보존하고 있는 버전이다. 바로 유현목이 영화에 착수하면서 손에 들고 있던 책으로 보인다(자료 2). 앞으로 이 글에서 '촬영 착수용 시나리오'라고 부를 것이다. 이미지에서 확인할 수 있는 것처럼 표지에는 '이범선 원작', '이종기 각색'으로 명기됐고(즉, 다른 각색자 크레디트는 없고), '의강(義剛)영화사 제2회 작품',• '협찬 사단법인 한국영화기술협회·한국영화평론가협회'라고 인쇄되어 있고, '兪賢穆 用'이라는 손글씨가 있다. 이 시나리오 책의 특징은, 가장 앞 부분에 공간별로 몰아서 촬영할 수 있도록 신을 정리해 놓은 일람표(모두 5면)가 삽입되어 있는 것이다. 다시 말해, 구체적인 촬영 계획이 필

• 의강영화사는 제작자 박의강의 영화사로, 첫 작품으로 〈부부〉(곽건, 1960)를 만들었다. 후술하겠지만 제작사는 김성춘의 대한영화제작주식회사로 바뀌었다.

요한 시점의 시나리오였음을 말해 준다. 한편, '촬영 착수용 시나리오'는 《한국시나리오선집 제3권》[36]에 이종기의 이름으로 실린 〈오발탄〉 시나리오와 거의 유사하다. 촬영의 출발점이 된 오리지널 시나리오인 것이다. 이후 촬영 과정을 거치면서 부분적으로 시나리오가 수정되어[⁚] 녹음대본('대사대본', 관리번호: CKN002163)에 이르렀다.(자료 3)

〈오발탄〉의 녹음대본 역시 주목할 부분이 있다.[⁖] 영상자료원이 보존 중인 녹음대본이 최종 영화와 다른 것이다. 무슨 말인가 하면, 영화 본편 검열을 할 때에는 최종 대본을 제출해야 하는데, 이 대본은 녹음대본과 같거나 거의 유사한 경우가 대부분이다.[⁘] 검열을 받는 최종 영화는 모든 대사가 후시녹음을 거친 상태이기 때문이다. 하지만 〈오발탄〉의 녹음대본은 현재

⁚ 이 단계에서도 내용이 조금씩 다른, 여러 필체의 수정된 시나리오 버전들이 존재한다.

⁖ 수기로 쓴 〈오발탄〉 녹음대본 표지에는 영화 본편의 크레디트와 유사하게 '대한영화(제작)주식회사 제작, 협찬 (사단법인) 한국영화기술협회·한국영화평론가협회'라고 적혀 있다.

⁘ 이는 영화윤리전국위원회(영륜) 시절의 〈오발탄〉 심의 과정이, 박정희 군사정권이 1962년 영화법을 제정하고 본격적인 검열 체제를 확립하기 이전의 양상에 속함을 말해 준다. 박정희 정권기에는 제작신고 단계에서의 시나리오 사전검열과 상영허가 단계에서의 본편 실사 검열이 결합된 이중 검열 체제가 구축되었다. 즉, 현재 한국영상자료원에 보존 중인 〈오발탄〉 시나리오들을 종합적으로 검토해 보면, 이 시기의 검열 체제하에서는 심의대본·녹음대본·완성본 영화라는 각 단계의 대응 관계가 일관되지 않으며, 그 '일치'에 대한 감각 또한 상이했음을 알 수 있다.

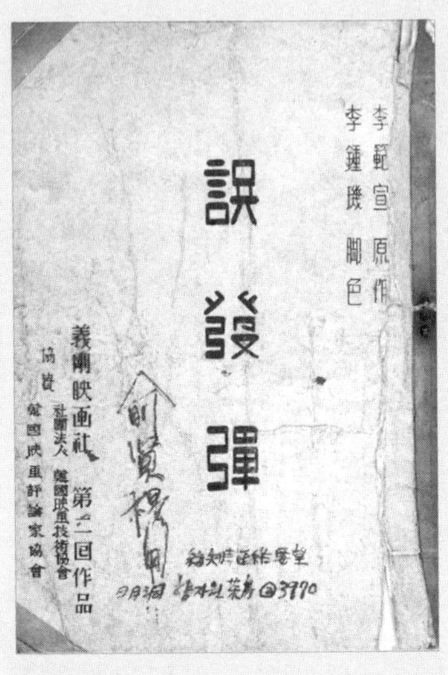

자료 2. 〈오발탄〉 '촬영 착수용 시나리오'

(한국영상자료원 관리번호: CKN002169)

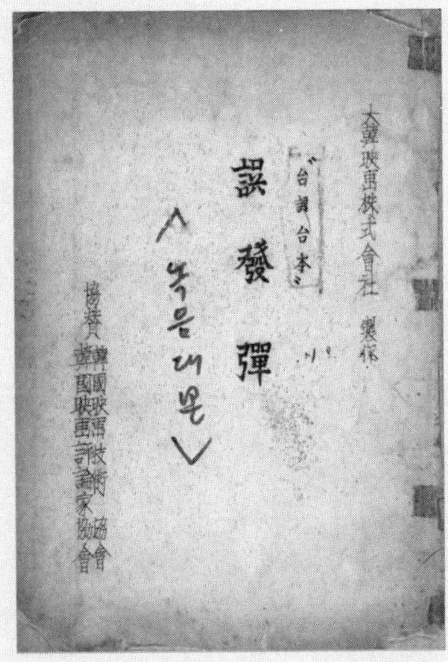

자료 3. 〈오발탄〉 '녹음대본(대사대본)'

(한국영상자료원 관리번호: CKN002163)

영상자료원이 보존 중인 시나리오 중에서는 최종 영화와 가장 유사하긴 해도, 몇몇 신 순서가 재배치되는 등 최종 영화와 달라졌고, 특히 후술할 영호의 도주 부분이 상당히 달라졌다. 지금 시점에서 진상을 구체적으로 파악할 수는 없지만, 촬영 도중에 시나리오가 수정됐을 뿐만 아니라, 후시녹음을 계획한 시점에도 감독이 시나리오와 다르게 촬영했음을 알 수 있다.

앞서 살펴본 바와 같이 유현목은 주제 의식보다는 영화적 테크닉에 대한 관심을 연출의 출발점으로 삼았다. 이후 테마에 대한 고민을 심화해 갔지만, 직접 각본을 쓰기보다는 기성 시나리오 작가의 대본을 토대로 시청각적 연출에 집중했다.• 〈오발탄〉 역시 그가 골방에 틀어박혀 고심 끝에 내놓은 결과물이 아니라, 이종기 등 신진 영화인들의 집단적 역량을 총집결시

• 전후 한국영화를 일구고 1960년대 르네상스를 이끈 대표적인 감독들은 직접 시나리오를 집필했을까? 김기영은 대다수 작품에서 본인이 직접 시나리오를 썼고, 신상옥은 신필름을 도약시키는 1950년대 후반 멜로드라마를 시작으로 〈증발〉(1994)까지 틈틈이 9편의 각본(각색 포함)을 맡았고, 이만희는 〈검은 머리〉(1964)를 포함한 6편의 각본을 썼다. 상업영화의 최전선에서 바쁘게 활동하는 감독들이 직접 각본을 집필하는 것은 한국영화 전성기의 제작 효율성에 맞지 않았을 것이다. 109편의 필모그래피를 자랑하는 '다작의 장인' 김수용은 충분히 예상할 수 있듯이 직접 시나리오를 집필하지 않고 연출에만 주력했다. 그렇다면 유현목은? 그 역시 충무로 영화산업에 속해 있었다는 점에서 다른 감독들과 유사한 상황이었지만, 예술영화 감독을 주창한 그가 본인 작품의 시나리오를 단 한 편도 집필하지 않았다는 사실은 곰곰이 생각해 봐야 할 대목이다. 앞서 서술했고, 또 후술하겠지만, 그의 가장 큰 관심사는 스크린으로 표출되는 영화미학이었다.

켜 만든 시나리오를 기반으로 출발했다. 그런데 유현목은 그 대본에 종속되지 않고, 대본을 토대로 본인의 영화적 상상력을 분출시킴으로써 독자적인 작품 세계를 구축했다. 이러한 연출 성과는 이어지는 〈오발탄〉 분석에서 더 구체적으로 논의할 것이다.

1960년 8월 '촬영 쾌조'라는 기사들이 등장했지만, 후속 기사에 따르면 영화는 12월 말에 촬영이 끝나고 1961년 2월에 제작이 완료됐다. 1961년 2월 23일자 《경향신문》 기사에 의하면, 〈오발탄〉이 "그동안 몇 번인가 오발이 될 뻔 하였으나 기어코" 13개월 만에 완성됐고,• 시사실에서부터 "우리 영화사상 가장 훌륭한 작품이라는 평가"가 흘러나와 제작진을 고무시켰다. 영상자료원에 보존 중인 심의서류 파일(관리번호: RK00641)을 보면, 제작자 김성춘이 문교부에 〈국산영화상영신고서〉를 접수한 시점이 2월 14일이므로, 영화가 완성된 정확한 날짜는 이 때로 보는 것이 맞다.

• 이 기사 내용이 맞다면, 유현목이 감독으로 가담해 프로젝트에 착수한 것은 1960년 1월 시점이다. 즉, 이종기가 시나리오에 착수한 1959년 10월부터 국제극장에서 개봉한 1961년 4월까지, 모두 1년 반 이상이 걸린 셈이다.

검열 서류가 말해 주는 것들

비록 뜻을 같이하는 사람들이 협업하는 동인제(同人制) 방식으로 진행됐지만, <오발탄>의 공식적인 제작 주체는 김성춘의 '대한영화제작주식회사'였다. 김성춘은 사단법인 한국영화제작가협회장을 경유하여 1961년 2월 14일 <국산영화상영신고서>를 문교부에 접수시켰고, 문교부는 영화윤리전국위원회(이하 영륜)[*]의 사전심의를 거쳤으므로 추가 의견 없이 상영을 허락한다. 영륜의 심사 과정에서는 단 한 신만 문제가 되었는데, (현재 존재하지 않는 시나리오상) 90신[**]의 '개천 하수도에서 어린이를 업은 여인이 목매단 장면'이 '잔인'하다는 의견이었다. 전체 11권 분량의 필름 중 단 한 장면만 삭제되었으므로, 당시 검열자의 관점에서는 큰 문제 없이 통과된 영화였음을 말해 준다. 심의서류 중 <국산영화 "오발탄"의 상영 신고의 건>을 살펴보면,

[*] 1960년 8월 5일 출범한 대한민국 최초의 민간자율 영화심의기구 '영륜'은 1961년 5·16군사정변으로 그 기능이 중단되었다. <오발탄>은 4·19혁명 1주년에 맞춰 개봉했으나 5·16쿠데타 직후 상영이 중단되었으므로, 한국영화사에서 '영륜'이라는 짧았던 자율심의 체제의 상징적 수혜작으로 볼 수 있다.

[**] 당시 제작사가 영륜에 제출한 최종 검열대본은 현재 보존되어 있지 않으므로, 현존하는 시나리오로는 이 장면을 확인할 수 없다. 하지만 현재 영상자료원에 보존된 필름에는 이 장면이 존재한다. 영상자료원이 복원한 버전의 원본은 1963년 샌프란시스코영화제 출품을 계기로 만든 영어 자막 프린트이다.

당시 문교부는 다음과 같이 이 영화를 파악하고 있었다.

> 한 진실한 계리사가 동생들을 양육하는 능력이 없어 서로가 제멋대로 타락이 되어 드디어는 가정이 파괴됨에 이르자 자신을 무능을 탄식하고 **멀리 떠나게 된다**는 것으로 생활고에 시달린 한 가정의 비극을 그린 내용.[37]

문교부 관계자들도 당연히 영화의 비극적 분위기를 감지했겠지만, 철호가 떠난다고 표현한 결말은 영화사가 제공한(포장된) 정보를 받아들인 것으로 보인다. 영상자료원이 보존 중인 문헌 중 '〈오발탄〉 줄거리'(관리번호: CKN002552) 역시 결말부를 다음처럼 적고 있다. "(전략) 목적지를 모르는 철호의 차, 이 요란한 행렬 속에서 어데론가 멀리 멀리 사라져 갔다."

문제는 4월 12일 전야제를 시작으로 4월 13일 국제극장에서 개봉한 바로 다음 날에 일어났다.• 14일자로 문교부 문화국이 내무부 치안국과 법무부 검찰국에 이 영화의 심의를 의뢰한 것이다. 5·16 이전 시기, 문교부는 왜 정상적인 절차를 거쳐 상영 중이던 영화의 심의를 내무부와 법무부에 의뢰하게 되었을까. 이를 영화사 연구자 이순진은 국제영화제 출품작 심사

• 다음 기사에 의하면, 1961년 3월 부산을 비롯한 지방에서 먼저 개봉되었다. 〈햇볕 보게 되려나? 상영보류 2년 3개월의 〈오발탄〉〉, 《동아일보》 1963년 7월 26일자.

와 연관이 있을 것으로 추론한다.[38] 1961년 4월 21일에 있었던 베를린국제영화제 출품작 심사에서[•] 후보작 네 편 중 〈마부〉(강대진, 1961), 〈이 생명 다하도록〉(신상옥, 1960), 〈제멋대로〉(강찬우, 1960), 〈오발탄〉 순으로 총점이 나와, 1등을 한 〈마부〉가 선정됐다. 심사위원에 영화인을 포함한 문화예술인뿐만 아니라 관료들이 포함되었기 때문일까. 이 과정에서 〈오발탄〉에 대한 부정적 평가가 도출되었던 것으로 보인다. 곧이어 4월 30일자 《한국일보》는 영화인만을 대상으로 한 별도의 앙케트 조사를 공개하는데, 그 결과는 〈오발탄〉이 1등, 〈마부〉가 3등이었다.[39] 베를린영화제 출품작 심사를 둘러싼 논란에 대한 반작용으로, 영화평론가뿐만 아니라 감독, 시나리오 작가들의 〈오발탄〉에 대한 지지가 공식적으로 확인된 것이다.

심사 직전인 4월 19일에는, 내무부 치안국장이 문교부 문화국장에게 다음과 같은 심의 의견을 보냈다. 두 달여 만에 이 영화를 받아들이는 당국의 입장이 크게 바뀌기 시작했음을 알 수 있다.

> 본 영화는 그 구성 전체가 대한민국의 과거나 장래에 대한 희망과 기대를 완전히 거부하는 태도로서 영화가 지녀야 할

[•] 심사위원 명단과 숫자는 기사마다 조금씩 다른데 영화인으로는 오영진, 이병일, 윤봉춘 등이 위촉됐다.

사회윤리적인 책임성이 전무하고 관중을 종국적으로 해결할 수 없는 자학과 절망 속에 몰어넣어 **공산주의자들에게 유리한 선전 자료가 되는 것으로 관취**(觀取—인용자 주)되므로 추천키 난한 것으로 사료됨.

5·16쿠데타 직후인 5월 23일, 내무부는 문교부에 〈돈〉(김소동, 1958) 등 35편의 한국영화와 22편의 외국영화가 유해작품이라며 '금영 조치' 요망 여론을 통보하는데, 여기에도 〈오발탄〉이 '사상불순' 사유로 포함되었다. 앞서 4월 19일의 〈오발탄〉 단독 건과 연결해서는, 5월 28일 치안국장이 다시 문화국장에게 〈한국영화 "오발탄"에 대한 여론 통보〉를 발송하며 다음과 같이 구체적인 내용을 지적한다. '자본주의 증오', '반미 감정 극단화'가 핵심 이슈였음을 알 수 있다.

1. 전체적 인상
   대한민국 사회에 대한 희망을 완전히 부정하고 절망 속에 방황해야 한다는 결론으로 실업자, 무산계급의 반항과 자포자기를 조장케 하여 공산주의적인 혁명이라도 일어나야 하겠다는 인상임.
2. 화면의 불순 장면과 그 부분적인 인상
   ㄱ. 본 작품 서두의 대사 중 "때는 4·19 전이나 4·19 후래

도 좋다"고 하여 근본적으로 대한민국에 대한 부정적 인 사상을 전제로 한 점.

ㄴ. 주제가 "광막한 벌판에 쓸쓸한 인생아"의 노래는 원래 사상적인 배경의 노래인 점.

ㄷ. 빈, 부의 차를 극단에서 극단으로 표현하여 사회 현실(자본주의 사회)에 대한 증오심을 선전 강조한 점.

ㄹ. 미군의 방탕성만을 과장하여 반미 감정을 극단화한 점.

ㅁ. 기타 제대 군인, 실직자, 박봉 생활을 하는 소시민 빈민층의 절망만을 나열하여 결론적으로 아무런 해결의 암시도 없이 비참하게 끝을 맺는 점 등.

내무부의 의견을 받은 문교부는 7월 20일 문교부 시사실에서 내무부 치안국장, 법무부 검찰국장, 중앙정보부 제3국장, 재건국민운동본부 예능과장, 문교부 문화국장을 검열위원으로 참석시킨 재검열을 실시했고, 그날 바로 상영 보류를 결정했다.• 1961년 10월 영화 검열 사무가 문교부에서 공보부로 이관된 후, 공보부의 공보국 영화과는 1962년 1월 26일부터 나흘간 한국영화와 외국영화에서 상영 보류된 작품들의 합동 재

• 흥미롭게도, 공식적인 상영 보류가 결정되기 직전인 7월 15일부터 제작자는 성남극장과 한일극장에서 〈오발탄〉의 재개봉을 진행했다. 〈광고〉, 《동아일보》 1961년 7월 16일자.

심사를 진행했다. 한국영화 대상작은 〈하녀〉(김기영, 1960), 〈고바우〉(조정호, 1959), 〈오발탄〉이었다. 앞의 두 작품의 경우 이견이 있었지만 최종 상영가로 결정된 반면에, 〈오발탄〉은 내무부·문교부·중앙정보부 세 기관이 공통 의견으로 상영 불가를 결정했다. 결국 정치적 전복성이 4·19의 의미로만 정박되지 않는, 〈오발탄〉 한 편만 금지영화가 된 것이다.

영화의 수익을 보전해야 하는 제작자 입장에서 김성춘이 영화를 살리기 위해 공식적으로 나선 시점은 이듬해 초다. 그는 1963년 1월 26일자로 공보부에 진정서와 함께 〈국산영화 재심사 신청의 건〉을 제출하지만, 접수 자체가 받아들여지지 않았다. 그는 영화를 수정한 후• 1963년 6월 11일 다시 진정서를 접수하는데, 당시 시대 분위기를 알 수 있는 주요한 내용을 옮기면 다음과 같다.

> (전략) 본인은 굳건한 국가재건의 터전에 이루어진 오늘, 영화 〈오발탄〉이 혁명과업 완수에 해가 미칠 우려가 절대로 없으며 **오히려 국민이 예술영화를 즐기며 부패를 박차고 오직 국가**

• 진정서 내용으로 판단하면, 노모의 대사가 추가됐고, 본편의 앞뒤에 자막이 추가되었다. 다음 기사에서 "라스트의 일부를 고쳐, 절망 속에서 활로를 암시한 부분을 재촬영 삽입하였다"고 적고 있는데, 본편에 다른 장면을 넣었다기보다 자막 화면을 가리키는 것으로 추정된다. 〈〈오발탄〉 재심청구/마지막 장면 재촬영〉, 《경향신문》 1963년 2월 7일자.

재건에 이바지 할 수 있는 동기를 마련할 수 있음을 자부할 수 있도록 과거 당국에서 지적받은 부분을 다음과 같이 대폭 수정하였습니다.

다시 상영허가를 해주시기를 앙망합니다.

수정 부분

1. 영화내용에 정신이상이 된 노모가 "가자"라는 헛소리하는 구절이 대중에게 오해될 우려가 있어 그 구절을 "저푸른 벌판의 양 떼를 따라가자"라는 내용으로 한결 명확히 하여 인간이 평화스러운 유토피아를 그리워하는 본심을 강조했습니다.
2. 영화 첫머리의 100척 이상의 필름에 혁명 정부의 과감한 시책을 찬양하는 자막을 넣어 절망과 기아 선상에 허덕이던 구 정권을 규탄하였고 관객으로 하여금 이 영화를 관람함으로써 혁명과업 완수에 더욱 적극성을 고취하게 했습니다.
3. 영화 마지막에 혁명공약 제4항을 넣어서 건전한 재건의욕을 강조했습니다.

1963년 7월 11일 제작자의 3차 진정서 접수가 있었고, 앞서 언급한 미국 남가주대학(USC) 교수이기도 했던 맥캔이 〈오발탄〉을 베니스영화제에 출품해야 한다는 의견서를 공보부에 제출하고• 여러 언론들이 적극적으로 나서 이 영화를 지지하는 가운데, 공보부는 상영 보류 해제를 결정했다가 번복하는 등 혼선을 보였다. 결국 한국영화인협회 이사장 윤봉춘이 8월 21일 탄원서••를 제출하고 나서 바로, 상영 보류가 해재되고 상영허가증이 교부되었다. 1963년 8월 23일이었다. 〈영화상영허가증〉에는 화면삭제 2개처, 화면단축 1개처, 대사삭제 1개처라고 명기됐지만, 같은 날 결재받은 〈국산영화 "오발탄"에 대한 상영허가 보류 해제〉를 보면, 세밀하게는 모두 여섯 군데였다. 크게 보면 ① 상이군인이 한국은행 빌딩 앞에서 소변을 보는 장면, ② 미군이 명숙을 희롱하는 장면, ③ 노모의 '가자'라는 대사가 나오는 부분들이었다. '현실도피'와 '윤리'라는 사유가 표면적인 삭제 사유였지만, 각각 자본주의에 대한 도전, 미군에 대한 반

• 공보부는 맥캔 박사의 의견을 다음과 같이 네 가지로 정리했다. 1. 오발탄은 해외 상영이 선행되어야 한다. 이 작품은 최우수 국제적 영화 수준을 가지고 있으며, 이는 한국영화의 기술을 대변할 것이다. 2. 이 작품의 주제는 현대인의 목적 상실을 강조한 것으로 앞으로도 논의되어야 한다. 3. 연출 감각과 카메라앵글, 연기는 놀랄 만하다. 4. 미국에 돌아가면, 정식으로 수입을 요청할 것이다.

•• 이 영화를 살리려는 영화인들의 노력은 다음 탄원서 내용에서 짐작할 수 있다. "〈오발탄〉은 빈곤과 기아에 허덕이고 무릇 지성인들이 지향할 바를 저지당하여 방황하던 이(승만) 정권을 시대배경으로 만든 작품으로서 주제와 내용이 한결같이 4·19와 5·16혁명의 필연성을 내포하였다고 감히 자부하면서 이 영화를 재상영케 하여 국민들로 하여금 다시는 부패와 부정을 저지르지 않도록 하고 오로지 재건 의욕을 가다듬게 하는 계몽영화로 조치해 주시기 바라는 바입니다."

감, 북한으로 돌아가겠다는 해석을 제거하기 위함이었다.

①은 현재 우리가 볼 수 있는 영화에서는 확인할 수 없는 장면이다. 다행히 녹음대본상에는 해당 장면의 묘사가 남아 있다. 영화 초반, 영호 무리가 술집에서 거리로 나와 경식과 헤어지고 나서, 경식이 영호의 동생 명숙과 만나는 장면 사이에 문제의 소변 장면이 배치되어 있다. 당시 신문 기사에서 "최무룡(영호 역—인용자 주), 윤일봉(경식), 양일민(만수) 등이 커다란 빌딩에다 대고 주저없이 바지의 앞단추를 풀어제치고서"[40]라는 묘사를 통해 해당 장면을 상상해 볼 수 있고, 유현목은 '커다란 빌딩'이 한국은행 앞이라고 증언한 바 있다.[41]

②와 ③은 본편에 장면이 남아 있으며 현재 남아 있는 버전의 시나리오에서도 확인할 수 있다. 특히 ③과 관련하여, 검열로 추가된 대사 "저푸른 벌판의 양 떼를 따라가자"는 실제 영화에서는 다소 다르게 표현되었다. 전쟁을 상기시키는 제트기 편대의 인서트 숏 다음에, 노모가 "가자"라고 외치며 벌떡 일어나 "얘야, 어서들 짐을 싸고 나서렴. 저 양 떼를 따라가야지. 모두들, 모두들 푸른 곳으로 가는데. 얘야…"라고 말하며 철호의 아내를 쳐다보는 장면이다. 종전이 아닌 정전(停戰) 상태. 전시의 논리와 감각은 여전히 일상 속에서 지속되고 있었다. 이렇게 〈오발탄〉은 4월혁명의 정신을 계승하면서, 부패한 정권과 억압받는 사회가 다시 반복될 것임을 예견해 낸다.

(512)

기 안 용 지

자체통제	행정사무관 김 덕	기안처	공보국영화과 행정주사 최용석	전화번호 (72) 7950	근거서류접수일자
과장 8/21	국장		차관 8/23	장관 8.23	내각 수반
관계관 서명	8/21				
기안 년월일	1963. 8. 21	시행 년월일		보존 년한	정서 / 기장
분류 기호	1733.01	전체 통제		종결	
경유 수신 참조	건 의			발신	
제목	국산영화 "오발탄"에 대한 상영허가 보류 해제				

1. 내치정 제3846호(1961. 5. 23)에 의거 상영보류 된바있는 국영화 "오발탄"에 대하여 그간 수차 각계로부터 예술적 가치가 높은 작품이라는 여론이 비등하였으나 시기적으로 보아 부적당하다고 사료되여 계속 보류 조치 해왔는것입니다

2. 최근 미국의 M.G.M.사나 미국내의 저명한 영화업자들로부터 수출을 희망하고 있을뿐만 않이라 체한중이였든 미 남가주 대학의 영화과 주임교수인 "리차드.매컨"박사는 본작품이 국제수준에 달한 우수한 영화라고 찬양하였으며 귀국후 정식 수입수속을 취하겠다는것 입니다

3. 국내 각 신문지상에서도 본영화는 상영허가 되여야 한다는 여론임으로 이상 제점을 종합하여 상영보

승인양식 1-1-1 (1112-040-016-016) (190mm×260mm16절지)

류를 해제함이 가하다고 사료되며 다음와 같이 재편집 및 제한사항을 추가하여 동 영화 상영 보류를 해제코저 합니다

가. 추가된 자막 내용

혁명공약 제4항 자막화하여 삽입

나. 추가 제한 사항

구분	권수	번호	내용	이유
대사삭제	1권 3권	S# 6 : 8. 29 : 26.	노인의 "가자! 가" 대사	현실도피
화면삭제	8권	S# 78	노인의 "가자"를 외치는 장면	"
"	10권	S# 102	"	"
화면단축	5권	S# 49	미군이 명숙을 희롱하는 장면	우리상
화면삭제	1권		제대군인이 오줌누면서 현실에 대한 실망적인 대와	현실도피

승인서식 1—1—2 (11—00900—02) (195mm×265mm16절지)

〈국산영화 "오발탄"에 대한 상영허가 보류 해제〉(1963년 8월 23일), 〈오발탄〉 심의 서류(한국영상자료원 관리번호: RK00641). 혁명공약 제4항을 자막으로 삽입할 것과 여섯 군데의 제한 사항이 명기되었다.

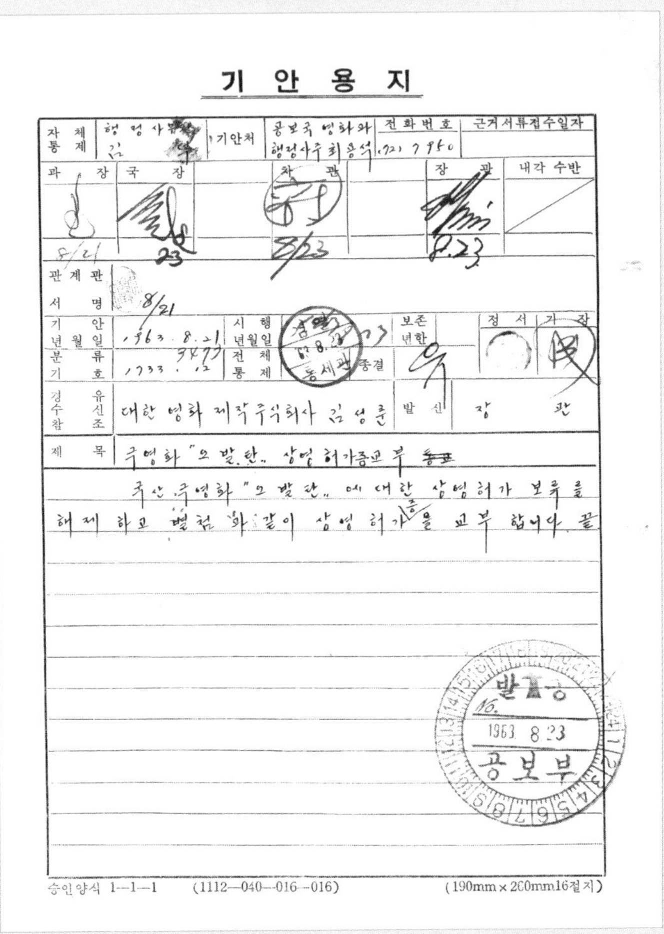

기 안 용 지

자체통제	행정사무관 김	기안처	공보국 영화과 행정사무관 최용석
전화번호	(72) 7950	근거서류접수일자	

과장	국장	차관	장관	내각 수반
8/21	23	8/23	8.23	

관계관 서명 8/21

기안년월일	1963. 8. 21	시행년월일	63. 8. 23	보존년한	영
분류기호	1733. 12	전체통제	종결	정서	가장

경유 수신 참조	대한영화제작주식회사 김성춘	발신	장관

제목 극영화 "오발탄" 상영허가증교부 ~~통고~~

국산극영화 "오발탄"에 대한 상영허가 보류를 해제하고 별첨과 같이 상영허가증을 교부 합니다. 끝.

발송 No. 1963. 8. 23 공보부

승인양식 1-1-1 (1112-040-016-016) (190mm×260mm16절지)

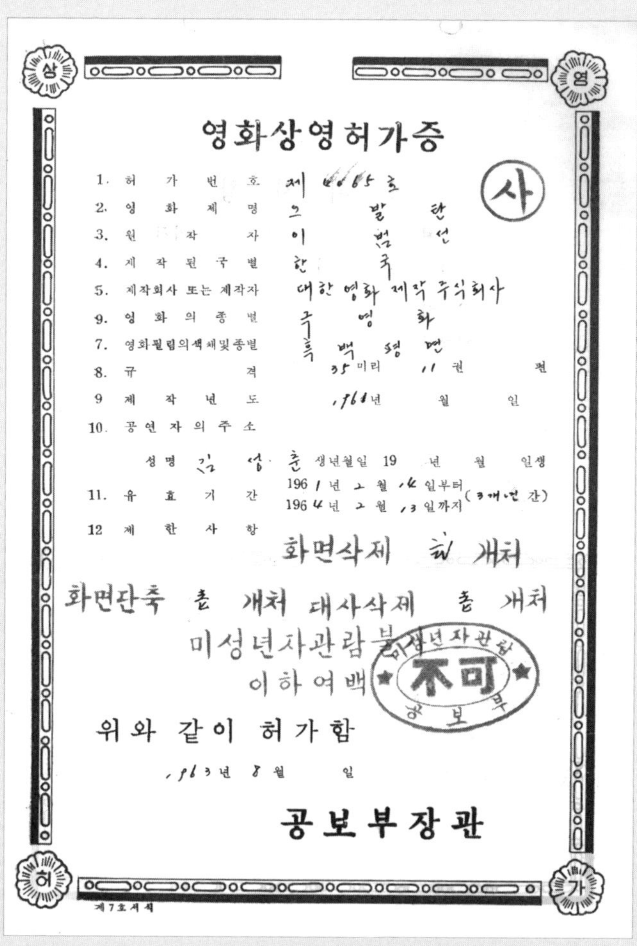
영화상영허가증

1. 허 가 번 호 제 [illegible]65 호
2. 영 화 제 명 오 발 탄
3. 원 작 자 이 범 선
4. 제 작 된 국 별 한 국
5. 제작회사 또는 제작자 대한영화제작주식회사
9. 영 화 의 종 별 극 영 화
7. 영화필림의색채및종별 흑 백 평 면
8. 규 격 35미리 11권 편
9 제 작 년 도 1961년 월 일
10. 공연자의주소

성명 김 성 춘 생년월일 19 년 월 일생

11. 유 효 기 간 1961년 2월 14일부터 1964년 2월 13일까지 (3개년간)
12 제 한 사 항

화면삭제 [illegible] 개처

화면단축 [illegible] 개처 대사삭제 [illegible] 개처

미성년자관람불가

이하여백

미성년자관람 不可 공보부

위와 같이 허가함

1963년 8월 일

공보부장관

제7호서식

〈극영화 “오발탄” 상영허가증 교부〉(1963년 8월 23일)(왼쪽), 〈영화상영허가증〉(오른쪽). 〈오발탄〉 심의서류(한국영상자료원 관리번호: RK00641).

3장

현실과 환상의 교차 : 〈오발탄〉의 영화적 구조

한 편의 영화를 이해하는 길은 다양하다. 영화 텍스트 자체에 집중해 주제와 미학적 스타일을 분석할 수도 있고, 작품이 반영하는 사회문화적 맥락을 살펴 시야를 확장할 수도 있다. 그러나 그 영화가 1960년대 한국영화라면, 또 다른 차원을 함께 고려해야 한다. 5·16군사쿠데타 이후 본격적으로 작동한 검열 체제를 감안하면, 영화 본편만으로는 감독을 비롯한 창작자들이 구축한 세계를 온전히 이해하기 어렵기 때문이다.

〈오발탄〉은 이러한 문제의식을 가장 먼저 환기시킨 작품이다. 이승만 정권과 박정희 군사정권의 사이, 4·19혁명의 변화 열망과 5·16쿠데타가 조직한 규율 체제의 사이, 그리고 영화인들의 창작적 고군분투와 검열 체제가 맞물리기 시작한 경계 위에서 이 영화는 만들어졌다. 다시 말해, 〈오발탄〉은 오늘날 우리가 보는 영화 본편만이 아니라, 촬영 착수용 시나리오와 녹음대본 등 제작의 기반이 된 다층적 자료와 이를 둘러싼 다양한 증언 및 기록 속에서 비로소 그 완전한 윤곽을 드러낸다.

오랜 시간 〈오발탄〉은 한국 고전영화를 대표하는 리얼리즘 영화이자 예술영화로 인식되어 왔다. 2000년 전후 영화학자들이 모더니즘 영화로서 이 작품의 가치를 새로이 판별하려 했지만, 당대 한국 사회의 무거운 현실을 담아냈다는 강고한 전제 앞에서 리얼리즘이라는 지배적 해석 틀을 좀처럼 벗어나기 어려웠다. 내가 주목한 것은, 1961년 영화가 공개된 시점 〈오발탄〉 비평들 속에서 리얼리즘의 관점으로만 포착하기 어려운 어휘와 평가의 흔적들이다. "영화 속에서 손에 땀을 쥐는 스릴이나 달콤한 사랑을 기대하는 사람은 실망이 크다"[42]라는 평과 "간호장교였다는 설희가 등장하는 대목의 감상과 영호가 은행을 습격하는 대목의 통속성은 이 영화가 주는 감동을 반감케 했다"[43]라는 지적, 그리고 외부의 시선에서 나온 "영화적인 영화이며 새로운 영화"[44]라는 평가 사이에는 뚜렷한 간극이 존재한다. 바로 이 간극의 언어, 다시 말해 리얼리즘의 틀로는 설명되지 않는 수사와 평가에 주목해 보고자 한다.

그동안 소설과 영화 〈오발탄〉의 주제 의식을 대표하는 인물로 형 철호가 주로 논의되었다면, 나는 그만큼 혹은 그 이상으로 동생 영호의 행보에 주목하고자 한다. 비평적으로 밀고 나간 지점은 다음 세 가지다.

첫째, 영호는 철호의 또 다른 자아로 읽힐 수 있다. 디제시스diegesis* 안에서 '고민하는' 철호와 '행동하는' 영호는 형제이지만, 감독은 행동하지 못하는 철호의 내면을 외화한 인물로 영호를 설정함으로써 실천적 자아의 형상을 부여했다.

둘째, 〈오발탄〉은 영화 만들기 자체를 이야기 속에 끌어들인 '자기반영적 영화'이지만, 그 개념만으로는 포착되지 않는

* 영화가 서사를 통해 구성하는 내적 세계, 즉 영화적 시공간을 의미한다.

더 복합적인 층위를 지닌다. 영호가 연인 미리가 제안한 영화 출연을 거부하고, 설희의 권총으로 은행 강도를 실행하는 장면은 '범죄-영화' 수행으로서의 자기 연출을 상징한다. 감독 유현목은 이러한 설정을 통해 '영화 속 영화'라는 구조를 확장하여 영화-환상과 영화-현실의 경계를 탐색하고, 나아가 영화-허구를 넘어 영화-진실에 다가가려는 미학적 모색을 드러낸다. 이처럼 〈오발탄〉은 영화라는 매체의 본질을 사유하며, 그 형식의 한계와 가능성을 동시에 실험한 작품이다.

셋째, 영화 속 인물들은 모두 삶과 죽음의 경계에 위태롭게 서 있는 존재들이다. 디제시스상 살아 있으나 이미 죽은 자 혹은 유령과 다르지 않은 이들—영호, 형수, 설희, 마지막의 철호—는 현실과 비현실, 생과 사의 경계선을 유영하며, 전후 한국 사회의 절망적 실존을 형상화한다.

내가 비평적으로 관찰한 지점들이 감독을 비롯한 창작자들의 의도였는지는 단정할 수 없다. 다만, 이 지점들은 원작 소설이 시각화되는 과정, 즉 촬영 착수용 시나리오가 녹음대본이 되고, 다시 영화로 완성되기까지 연속적 전환의 긴장 속에서 포착할 수 있는 것들이다. 영화는 논리적 연출 과정을 넘어서는, 무의식적 감수성이 응축된 총체적 예술이다. 〈오발탄〉은 모더니즘과 리얼리즘 양식이 서로의 꼬리를 물며 순환적으로 맞물린 구조를 이루고 있으며, 감독의 영화-환상에 대한 거부와 영화-

현실에 대한 모색은 네오리얼리즘의 풍경과 범죄영화의 질감을 통합하는 방식으로 구체화된다. 나는 〈오발탄〉을 한국영화가 근대의 문턱을 넘어 '영화 자신'을 성찰하기 시작한 첫 순간으로 본다. 이때 비로소 한국의 모던 시네마가 태어나기 시작했다.

'생각하는 사람'-哲浩-유현목

유현목의 영화에서 제목이 등장하는 '타이틀 시퀀스'는 단순한 오프닝이 아니다. 그는 이 짧은 도입부를 통해 작품의 주제와 정서를 압축적으로 시각화하며, 영화의 전체 서사를 예비하는 미학적 장치로 활용한다. 따라서 타이틀 시퀀스는 함께 만든 사람들의 정보를 전달하는 실용적 기능을 넘어, 감독의 연출 세계에서 서사적·상징적 의미가 가장 응축된 공간이 된다. 〈오발탄〉 역시 바로 이 지점에서 원작 소설을 넘어서는 영화 매체 고유의 표현력이 극대화된다.

오프닝 크레디트 화면이 시작되면, '대한영화제작주식회사 작품'이라는 수공예적 로고 화면과 함께 김성태가 작곡한 메인 테마의 유장한 선율이 터져 나온다.• '誤發彈' 한자 아래 '오발

• 〈오발탄〉의 메인 테마와 그 변주Variation는 느리고 장중한 현악 중심의 오케스트라 편성이다. 김성태(1910~2012)는 일본에서 서양 클래식 음악을 교육받았고,

탄' 한글이 병기된 영화 타이틀이 나오고, 이후 제작진과 배우진의 이름이 차곡차곡 쌓인다. 오프닝 크레디트가 각인된 배경화면은, 앞으로 이 영화에서 전경부터 후경까지 프레임의 레이어를 충분히 활용하겠다는 감독의 연출 미학을 선언하는 것은 물론, 영화의 주제적 구조를 상징적으로 압축해 낸다.

촬영 착수용 시나리오

#1. 자막

로댕의 '생각하는 인간' 조각상 위로 W[**]되어 뇌수까지 속속들이 쑤셔주는 저 기계의 아우성 속에 수십만개의 다이야가 분초를 다투며 네굽을 짜는 저 네거리에 우리들이 서 있을 위치가 어디냐? 없다. (중략)

바로 이 작품의 의도가 여기에 있는 것이다.

#2. 인서트

빗발치는 헤드라이트의 광사(狂射) 광사

미친 열차의 속도 째져 나가는 금속음의 소용 소리

녹음대본

#1. 자막(스태프, 캐스트)

1960년대 한국영화를 대표하는 영화음악가로 활동했다.

** 화면전환 기법인 'Wipe'의 약어로 추정된다.

빗발치는 헤드라이트의 광사! 광사! 거리의 전광의 난무"

전경에는 로댕의 '생각하는 사람'(을 연상시키는) 조형물을 배치했다.* '촬영 착수용 시나리오'에서는 '작품의 의도'를 상당한 분량의 자막으로 보여 주길 원했지만, 녹음대본을 거친 최종 영화에서는 조형적 이미지로 대체되었다. '생각하는 사람'은 누구를 지시하는 것인가. 먼저, 소설과 영화 버전에서 모두 주인공인 형 송철호(宋哲浩)를 떠올릴 수 있다. 사유가(哲) 많은(浩) 고뇌에 빠진 무기력한 지식인을 표상하는 영화 속 그는 '인간은 생각할 수 있지만 행동할 수 없는 존재인가'라는 실존적 물음을 던진다. 촬영에 착수할 때 유현목은 '생각하는 사람'을 철호의 화신(化身)으로 설정한 듯하다. 촬영 착수용 시나리오에 "난사되는 헤드라이트 속의 철호의 허무한 상태"라는 그의 메모는 영화의 엔딩, 달리는 택시 속에서 갈 곳을 알지 못하는 철호의 모습과 수미상관한다. 과연 행동으로 옮길 수 있을까. 결국 움직이지 못하는 석고상은, 행동하지 못하는 철호의 내면 속에서 그의 또 다른 자아(처럼 묘사되는) 영호의 얼굴을 떠올리게 한다. 이는 결국 '생각하는 사람'이, 두 형제가 생각하고 행동하는 시간 혹은 철호와 그의 분열된 자아의 시간을 직조하는

* 오리지널 시나리오 즉, '촬영 착수용 시나리오' 버전부터 계획됐던 조형 요소이다.

유현목 감독 자신일 수 있음을 말해 준다. 영화의 마지막, 갈 곳을 알지 못하는 택시 속 철호는 애처롭게 유현목을 쳐다본다. 이때 현실의 감독은 유유히 디제시스를 빠져나간다. 예의 그 담배 연기를 내뿜으면서.

중경의 철망 구조물은 단절, 폐쇄성, 개인의 고립, 소외 같은 것을 의미할 것이다. 영화의 서사를 반영해 더 구체적으로 말한다면, 남북으로 갈라진 전후 한국, 월남 하층민으로서 경계지어진 사회적 신분, 또 감옥을 연상시키는 이미지 등으로 의미망을 확장해 볼 수 있다. '(돌아)가자'라는 노모의 외침에서 짐작할 수 있듯이, 철호의 가족은 38선을 넘어 남한으로 왔고, 전후 사회체제는 정신적으로(철호), 또 육체적으로(영호) 사람을 가두려 한다. 여동생 명숙은 양공주 일로 유치장을 드나들고, 결국 '선'을 넘었던 영호는 철창 신세를 지며, 철호는 끝내 정신적 방황에서 탈출하지 못한다.

화면의 **후경**에서는 간유리가 그 너머 번잡한 도시의 교차로 야경을 투영해 낸다. 사물이 구체적으로 보이지 않고, 그마저도 마치 프리즘을 통과한 듯 빛이 분해되고 있어, 차량이 난사하는 불빛의 이미지에 전후 도시의 무질서와 정신적 혼란 같은 개념이 겹쳐진다. 즉, 전경의 '생각하는 사람'은 후경의 불야성의 도시, 더 추상적으로 말하자면 전후 본격화된 미국식 자본주의와 긴장 관계에 놓여 있는 것이다. 이를 중경의 차원까지 같이 고려해 보면, 철호와 영호, 그리고 가족들 앞에 생존을 향한 출구가 좀처럼 존재하기 힘들다는 것을 상징한다. 혹은 이렇게도 말해 볼 수 있지 않을까. '생각하는 사람'은 간유리 너머의 디제시스를 설계하고 있다. 정리하면, 오프닝 장면은 앞으로 이 영화에서 유현목이 마치 연극적 무대 같은 공간을 창조적으로 활용해 영화적cinematic 미장센으로 전환해 내는 동시에, 실존주의•라는 주제 의식을 사운드와 이미지로 정교하게 형상화할 것임을 예비한다.

Bar: 상이군인 영호의 현실/환상

암전으로 타이틀 시퀀스를 '경계'짓고, 영화는 본격적인 서사 구조로 이행한다. 녹음대본의 지문처럼 '여급들의 기성(奇聲)'을 신호로, 카메라는 거리에서 창문을 통해 술집 안을 보여준다. 오프닝의 조형적 요소와 상응하는 전경의 프레임과 유리 너머로 술집bar의 내부가 보이고, 곧이어 영호 무리가 빠져나

• 실존주의는 절대적 가치나 본질이 사라진 세계에서 인간이 자유로운 선택과 그에 대한 책임을 통해 스스로 존재의 의미를 구성하는 존재로 본다. 장 폴 사르트르, 알베르 카뮈, 마르틴 하이데거 등의 철학자들이 이 흐름에 속하며, 이들은 인간이 직면한 현실과 주체적 삶의 태도를 깊이 탐구했다.

'생각하는 사람' 철호/그의 머릿속 실천하는 사람 영호
= 설계하는 사람 유현목.

영화의 마지막, 갈 곳을 알지 못하는 철호는 고개를 돌려

⇩

영화를 떠나는 유현목을 쳐다본다.

레이어가 배치된 타이틀 시퀀스.

유리 창틀 너머로 보이는 바bar.

간유리를 깨고 나오는 상이군인들.

오는 동선을 따라 카메라가 움직인다. 목발을 짚은 경식(윤일봉)이 문을 열고 나오려다 '간'유리를 깨뜨리게 되어, 술집 보이와 실랑이가 벌어진다. 사이의 불투명한 유리가 깨진다는 것. 영화(－술집－환상: 배우의 자리)와 현실(－거리－전경: 카메라와 감독의 자리)의 영역을 구분짓던 경계bar가 무너졌음을 상징한다, 고 나는 생각한다. 이제 영화가 본격적으로 시작된다는 신호인 것이다. 여급들의 멈추지 않는 기성은, 영화-환상에 포섭되지 않으려는 그들, 상이군인을 조롱하는 듯하다.

여기서, 두 가지를 기억해 두자. 이 영화가 (거의) 카메라/감독의 시점으로만 이루어진다는 점, 그리고 이후 '그만의 영화를 만드는' 영호가 직접 유리창을 깨는 장면이 나올 것이다. 다시 바 장면. "야! 정 이렇게 괄세하기야. 그래 죽다 남은 놈들끼리 술 한잔 모시다 보니, 유리가 박살 난 모양인데 이 분이 성한 몸이냐?"라는 영호(최무룡)의 대사는 영화-현실 속 전후 상이군인의 상황을 핵심적으로 전달한다. 중대장(이던) 경식은 다리를 다쳤고 하사(이던) 만수(양일민)는 한 팔을 잃어 갈코리를 달고 있으며 선임하사관(이던) 영호는 겉으로는 상처가 없어 보인다. 이들은 부상당한(傷) 상처(痍)가 새겨진 과거형 군인이지만, 현실 사회의 구성원으로 복귀하기가 쉽지 않다. 38'선'에서 죽음과 삶의 '경계'를 넘나들었던 영호가 결국 선택하는 길은 좁은 양심의 '울타리'를 넘는 것이다.

술집을 나온 영호와 경식 무리가 "전우의 시체를 넘고 넘어" 군가 '전우가'를 부르며 골목에 들어서고, 그들의 뒤로 말끔하게 차려입고 모자까지 쓴 소년이 오른쪽 전경을 가르고 들어와 뒷모습을 보이며 따라간다. 이 영화는 수미상관 구조를 만드는 요소들이 은밀하게 배치되어 있고, 또 영화화된 현실과 영화(환상) 속 현실의 경계가 복잡한 층위로 얽혀 있다. 우리의 시선을 사로잡는 '뒷모습의 소년'은 바로 이 환상fantasy과 현실reality의 경계를 감각적으로 인식시키는 존재라고 생각한다. 영화의 마지막까지 철호와 영호의 막내동생, 즉 민호(박춘)는 신문을 돌린다. 영화 초반 멋을 낸 소년의 뒷모습은, 모자를 쓴 남루한 복장의 민호의 앞모습과 대구를 이루는데, 전자는 비루한 현실의 후자가 꿈꾸는 환영의 삶처럼 읽힌다. 후자가 전자의 삶을 살 수 있을지, 정확히는 후자의 형 영호가 그를 학업에만 전념하게 해 주겠다고 헛된 꿈을 꾸는 것은, 바로 영호의 무모한 실천으로 연결된다.* 고뇌하는 철호(현실)가 아닌 행동하는 영호(환상)의 뒤를 '환상'의 민호가 따라간다.

소설의 시작이 철호라면, 영화(의 본격적 서사)는 상이군인 영호의 장면으로 시작한다. 소설과 달리 영화는 상이군인의 이미지를 통해 전후 한국 사회가 삶의 구체적 배경이자 내면의

* 영화에서 신문팔이를 그만두라고 다그치며 막내동생 민호와 대화하는 것은 장남 철호를 대신한 영호의 역할이다.

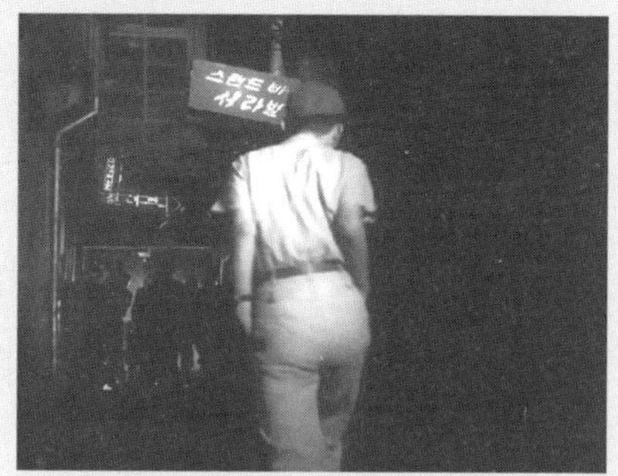

영호의 환상을 쫓는 '또 하나의' 민호.

영호 사건의 호외 신문을 돌리는 민호.

영화의 가장 마지막까지 신문을 돌리는 민호.

그림자임을 부각시키고, 또 다른 주인공 영호의 시간이 영화를 구성하는 또 하나의 핵심 서사 트랙으로 자리 잡게 되는 기반을 마련한다. 영호의 '선'을 넘을 행동은 영화 속 현실이자 그가 직접 연출하는 영화 같은 현실이 된다. 영화 〈오발탄〉에서는 영호를 주목해야 비로소 영화의 구조적 논리가 드러난다.

다음 장면은 영호의 여동생 명숙(서애자)이 한복을 입고 밤거리를 걸어오는 숏으로 시작한다. '전우가'를 부르는 소리가 들리고 있으므로 술에 취한 그들과의 조우가 예상된다. 명숙은 군가의 주인공들을 알아채고 주차금지라는 표지판이 있는데도 건물 앞에 주차된 지프차 뒤에 몸을 숨긴다. 영호와 만수 등은 마지막까지 떠들썩하게 경식과 헤어진다. 목발의 경식이 혼자 걷기 시작하자 명숙이 그의 뒤를 따라간다(신scene 마지막). 음악 톤이 바뀌면서(새로운 신 시작) 경식과 명숙이 걷는 장면이 이어진다. 앞서 2장에서, 〈오발탄〉의 재개봉을 위해 다시 검열할 때 상이군인이 한국은행 빌딩 앞에서 소변을 보는 장면이 삭제됐다고 언급했다.

현재 영화에서도 볼 수 없는 이 신은 다행히 녹음대본에, 명숙과 경식의 두 장면 사이에 있다. 상이군인 무리가 신세를 한탄하다 소변을 보는데, 영호가 건물을 쳐다보고 "아! 은행이구나, 오줌이나 먹어라"라며 자조 섞인 객기를 부리는 대목이다. 어두워서 잘 보이지 않지만 일제강점기 조선저축은행이었던 건물은 1960년 시점 한국은행 본점으로 사용되고 있었다. 한국은행 빌딩 앞에서 상이군인들이 한 행위는 자본주의 국가 시스템에 대한 불온한 저항으로 해석되었을까. 만약 이 장면이 포함되었다면 영화를 넘나드는 의미망에서 그 잔존적residual 효과는 확실했을 것이다. 이 장면에서 역시 영화의 수미상관적 이미지를 추출할 수 있다. 영화의 클라이맥스, 영호가 '은행'을 털기 위해 동원했던 '지프차'.

영화에서 명숙은 거리(전후 사회의 현실)에서 가장 시간을 많이 보내는 사람이다. 네오리얼리즘 영화 속 주인공들처럼, 그녀는 경식, 또 철호의 뒤를 따라 계속 걷는다. "미칠 것만 같은 집 속에 틀어박혀서" 더 이상 참을 수 없다는 명숙에게 경식은 자신이 "6·25 때 쏘고 남은 탄피야"라며 절규한다. 이때 경식은 영화 내내 입고 있는 군복이 아닌 양복을 처음이자 마지막으로 입었고, 명숙은 한복을 입었다. 이는 이후에 등장하게 되는 당시 미군들이 사용하던 조선호텔 앞 장면에서 경식과 명숙이 우연히 부딪히는 비극적인 순간, 양공주로 나선 명숙이 양장을 입은 모습과 대비된다.

철호의 환상, 영호/철호의 현실, 철호

화면의 오른쪽 전경을 가르며 터덜터덜 걸어 나오는 발걸음을 따라 시선을 옮기면, 왼쪽 후경에서 우물을 붙잡고 괴로워하고 있는 영호가 보인다. 고개를 든 영호가, 그를 지나치려는 발걸음의 주인공에게 '형님'이라며 불러 세운다. 바로 형 철호(김진규)이다. 영화는 소설처럼 철호(의 이야기)로 시작하지 않고, 영호가 철호를 기다리는 모습으로 그를 등장시킨다. 지친 기색의 철호는 아무 말 없이 힐끗 쳐다본 뒤, 어서 피하려는 듯 다시 발걸음을 옮긴다. 외면하는 철호의 뒤로 영호는 너털웃음을 짓는다.

영화에서 영호와 철호가 마주치는 장면은 이를 포함해 모두 세 번 등장하는데, 영호의 시간과 철호의 시간이 교차하는 순간이라는 점에서 중요한 국면들임이 분명하다. 나는 그들이 처음 마주치는 장면을 반복해 보면 볼수록, 철호가 영호를 경멸하고 무시하는 모습이, 그의 마음속 또 다른 자아, 다시 말해 그가 하지 못하는 행동을 할 수 있는 사람을 외면하려는 것처럼 읽혔다. 형을 불러 세운 영호(혹은 철호의 또 다른 자아)는 그에게 무슨 말을 하려던 것일까. 이는 철호가 영호의 '(까마귀만한) 용기'를 '억설'이라며 거부하는, 유일하게 영화 속에서 두 형제가 대화하는 신에서 확인될 것이다. 철호가 힘겹게 사다리를 올라 집에 들어서려는 순간, 노모의 '가자' 소리가 새어 나온다.

짧은 암전 후 해방촌의 아침, 철호가 마치 바다 위 난파선 같은 마을을 (파도처럼 밀려오는 치통으로) 턱을 감싸고 내려온다.[•]

철호의 출근길, 그는 '계리사 김성국(金成國) 사무소' 간판이 놓여 있는 건물[••]로 들어선다. 이를 알레고리적으로 독해한다면, 철호는 나라를(國) 이루기 위해(成) 그 사회의 일원으로 고군분투 중이다. 그런데 그 나라는 '金成國', 즉 돈(金)이 나라를 이루는 자본주의 사회이다.[•••] 사무실에서 청소를 하던 사환이 그를 맞는다. 먼지가 나니 2층 다방에라도 가 있으라고 하지만, 사환도 철호가 그럴 형편이 못 된다는 것을 알 테고, 턱을 어루만지는 그를 보고 오늘은 월급날이니 꼭 치과에 가라고 말해 준다. 원작과 영화를 접속시키는 이 장면은 소설의 가장 첫

• 필자의 인상이 이 영화의 창작자들이 의도한 것이었음은 '촬영 착수용 시나리오'의 다음 신에서 확인할 수 있다.

  #26. 철호의 집 근처

  산비탈을 도려내고 무질서하게 주워붙인 판자집들

  그 속을 헤엄쳐 나오는 철호

•• 영화 후반부에서 철호가 이 건물을 올려다볼 때 건물 입구의 현판이 보이는데, 대한상공회의소(와 서울상공회의소)의 건물임을 알 수 있다. 대한상공회의소는 전국 상공인의 이익을 대표하며, 정부의 산업·무역정책에 자문과 건의를 담당한 한국 경제계의 중앙 경제단체이다.

••• 소설에는 등장하지 않는 계리사 이름을 '金成國'으로 부여한 것은 최초 시나리오부터의 설정이다. 다음 논문 역시 이 대목에서 유사한 논의를 진행한다. Aaron Han Joon Magnan-Park, "Daehan neo-realism and the conundrum of aimless Confucianism in Yu Hyun-Mok's Obaltan (1961)," *Journal of Japanese and Korean Cinema* 9, no. 2 (2017): 101.

머리 상황을 퇴근 시간에서 출근 시간으로 바꾼 것이다.

계리사(計理士) 사무실 서기 송철호(宋哲浩)는 6시가 넘도록 사무실 한구석 자기 자리에 멍청하니 앉아 있었다. 무슨 미진한 사무가 있는 것도 아니었다. 장부는 벌써 집어 치운 지 오래고 그야말로 멍청하니 그저 앉아 있는 것이었다. 딴 친구들은 눈으로 시곗바늘을 밀어 올리다시피 5시를 기다려 휘딱 나가 버렸다. 그런데 점심도 못 먹은 철호는 허기가 나서만이 아니라 갈 데도 없었다.

"송 선생님은 안 나가세요."

이제 청소를 해야 할 테니 그만 나가달라는 투의 사환애의 말에 철호는 다 낡아빠진 해군 작업복 저고리 호주머니에 깊숙이 찌르고 있는 두 손을 빼내어서 무겁게 책상 위에 올려놓았다.

"나가야지."• (107)

사무실에서 괴로운 표정으로 담배 연기를 내뿜는 철호의 시선 숏에 이어 붙여, 밤에 보여 주지 않았던 철호의 집 내부가 드러난다. 아무것도 할 수 없는 장남의 걱정거리들. 그 맨 처음

• 이 책에 인용된 이범선의 단편소설 〈오발탄〉은 《한국문학전집 32 | 오발탄 | 이범선 단편선》(김외곤 책임 편집, 문학과지성사, 2011)을 기준으로 하였다. 이후 해당 쪽수만 표기한다.

철호는 난파선 같은 마을을 헤치고

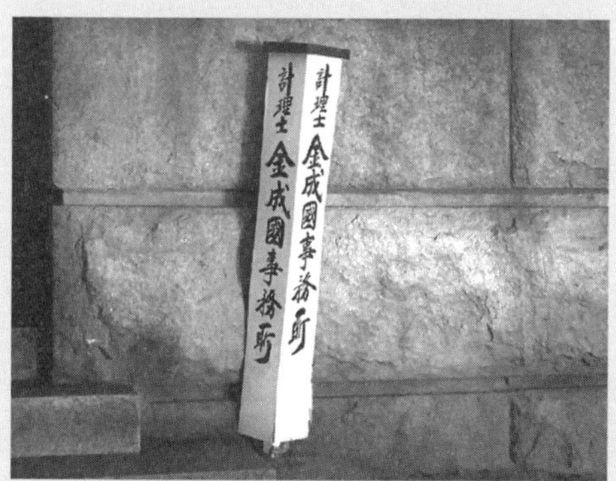

'계리사 김성국(金成國) 사무소'에 출근한다.

이미지는 ‘가자’를 외치는 노모(노재신)의 모습이고, 이어 부뚜막에서 몰래 누룽지를 긁어 먹는 철호의 딸(서경희),• 말없이 바느질하는 철호의 아내(문정숙)를 보여 준다. 조간신문을 돌리고 돌아온 막내동생이자 꼬마 삼촌 민호가 배고프다고 빨리 밥을 달라고 하자, 침대에 누워 담배를 피우던 영호가 누가 너보고 학교를 가지 않고 신문을 팔랬나며 나무란다. 화면 전경에는 널빤지 침대의 프레임이 가로막고 있지만, 현실과 영화 사이를 희뿌옇게 만드는 간유리는 존재하지 않는다. 맞지 않는 큰 신발을 신은 조카딸 혜옥이 삼촌 영호에게 예쁜 신발을 사 달라고 부탁하자, 그는 “내일은 틀림없이 사다 줄게”라고 약속하고 혜옥은 “거짓말”이라고 말한다. 그러자 그는 말 그대로, 결심이라도 한 듯 집을 나선다. 사무실에 출근한 철호와 집에 모인 가족의 모습을 보여 주는 장면에서, 명숙은 보이지 않는다. 앞서 그녀가 자주 거리에 있다고 썼다. 명숙 역시 철호의 근심의 대상인 가족 구성원이지만, 영화의 말미에서 그나마 최선의 해결책을 제시하고 작은 희망을 기원하는 이는 바로 그녀이다. 모든 가족을 소개하는 첫 장면에, 이미 ‘거리에 나가’ 살아갈 방도를 모색하고 있는 명숙이 없는 이유이다.

• 아역배우 서경희는 〈오발탄〉을 비롯해 20여 편의 영화에 출연했으나 안타깝게 일찍 세상을 떠났다. 〈개학 첫 날 남산국민교 앞서 참사/등교하던 두 어린이 역사(轢死)〉, 《동아일보》 1963년 3월 6일자.

이제 '간'유리가 없는 전경의 프레임. 영화-현실의 가장 앞단에서 결심하고 행동해야 하는 영호.

결심한 영호가 도착한 다방-그의 영화프로덕션.

영호가 행동을 다짐하는 선술집의 전경 프레임.

영호의 영화가 시작되는,
다방

영호가 창고 같은 집을 '쫓기듯' 나서면, '다방 유정'의 실내와 상이군인들의 모습이 보인다. 경제활동을 모색하는 명숙이 영호보다 먼저 다방으로 들어선다. 수리 중인 다방은 마치 영화 세트장을 방불케 한다.• 혹은 무대를 만드는 백스테이지처럼 느껴진다. 앞으로 이 공간에서 미리(김혜정)와 명숙의 대화를 시작으로, 미리와 영호, 또 곽(진원) 하사(이대엽)와 영호가 계속해서 '영화' 이야기를 할 것이다. 미리의 영화는 화려한 환상•• 이지만, 영호의 영화는 처절한 현실이다. 다시 말해 보자. 수리 중인 유정다방은 영호의 영화 프로덕션이다.

명숙 그래 영화사 재미가 어때?
미리 아이 그저 그렇지 뭐. 아 좀 화려하다 할까.

• 바닥을 보면 실제 영화 세트장이다.

•• 미리의 '영화-환상'을 상징하는 대표적인 이미지는 〈오발탄〉 포스터의 왼쪽 전체를 차지하는 수영복을 입은 그녀 모습이다. 이는 녹음대본상 신인배우 미리의 기자회견 장면에서 등장한다. 실제 촬영이 진행된 이 장면은 포스터에도 사용되어 관객의 주목을 끌었겠지만, 현존 버전의 영화에서는 볼 수 없다.

미리를 찾아온 명숙이 영화사 취직을 부탁하며 어렵게 입을 떼고, 다방 앞에서 미리를 만난 영호는 신인 여배우가 된 소감을 물어본다. 둘은 무직자 영호가 일자리를 구할 때까지 만나지 않기로 한 연인이다. '촬영 착수용 시나리오'에서는 영호가 여동생의 동창인 미리에게 "한번 채용해 보시지. 애인 같은 걸루"라고 제안하지만, 녹음대본에서는 삭제됐다. 즉, 영화상 그들은 연인임이 분명하다. 미리는 다방 앞에서 지프차를 타고 영화사로 출발한다. 〈오발탄〉에서, 영화 속 영화의 시작은 지프차를 타는 것이다. 이후 전개될 영호의 영화는, 영화계에 진출하길 원하는 진원이 지프차를 몰고 와 그를 태우면서 시작된다. 영호가 이제 다방으로 들어간다.

1950년대 후반부터 충무로 영화는 번듯한 영화사 건물이 아니라, 충무로 곳곳의 다방에서 영화 기획이 돌아갔다.[*] 유정다방이 영호의 프로덕션이라고 말했다. 이후 미리가 영호의 캐스팅 기회를 전하는 연락도 유정다방의 전화로 걸려올 것이다. 다방에 들어서는 영호에게 "산더미 같은 얘기도 사라지고 겁이 덜컥 나는" 진원이 반갑게 인사한다. 극 중에서 진행되는 영

[*] 스타다방은 제작자와 감독이 배우들과 출연 문제를 논의하던 장소였으며, 단역배우와 지망생들도 그들의 눈에 들기 위해 자주 드나들었다. 청맥다방은 스태프들의 아지트로 불렸고, 수도다방은 지방 흥행사들이, 벤허다방은 감독들이 주로 모이는 곳이었다. 특히 청맥다방은 '충무로 인력시장'으로 불릴 만큼 인력 교류가 활발히 이루어진 곳이었다.

화-환상이 아니라 이 사람들의 이야기가 진정한 영화라는 감독의 인식을 포착해야 한다. 그들의 영화는, 영호가 미리의 (현실이 아닌 환상의) 영화에 출연하지 않기로 하면서, 본격적으로 진행될 것이다.

진원 저, 난 운전 같은 것보담도 영화계에 나가고 싶어요.

영호 연극, 자신 있어?

진원 그러믄요. 소질이 풍부하죠. 중고등학교 땐 쭉 연극부장을 지냈거든요.

첫 다방 신의 마지막, 외출이 잦다는 영호의 말에 명숙은 "어떻게 하면 미칠 수 있어요?"라고 묻는다. 가족 가운데 누구보다도 인간의 존엄을 포기해야 하는 가장 고통스러운 위치에 선 이는 다름 아닌 명숙이다. 그녀는 "미치겠다"라는 말을 반복하면서도, 역설적으로 영호 혹은 철호와 달리 끝내 이성을 잃지 않는다. 나는 이 영화에서 명숙의 존재가 두 형제의 행보만큼 중요하다고 생각한다.

까마귀만 한 용기와 엉뚱한 생각

계리사 김성국(지방열)과 미스 최가 점심을 먹으러 나가고, 송철호는 사환이 가져온 보리차로 잠시나마 치통을 헹군 다음 생각에 잠긴 듯 고개를 들어 시선을 넘긴다. 이어지는 숏은 상징적으로 한국에서 가장 많은 돈이 오가는 한국상업은행의 남대문 지점 앞에서 골몰하고 있는 영호의 모습이다.•

'철호의 머릿속 생각이 영호의 행동으로 실천된다'는 명제는 더 이상 되풀이하지 않아도 될 것이다. 실제 지리적으로도 둘은 가까운 위치에 있다. 철호가 일하는 계리사 사무실은 대한상공회의소 건물에 있고, 영호가 쳐다보는 한국상업은행 남대문 지점••은 현재 숭례문 오거리 건너편이다. 카메라는 지하도에서 걸어 나와 노골적으로, 보란 듯이 돈다발을 들고 은행으로 들어가는 거구의 남자를 따라간다. 영호의 시선 숏인 듯하지만, 그 역시 프레임인frame in 하는 것에서 이 영화가 감독/카메라의 시점으로만 이루어진다는 것을 재차 확인하게 한다.

• 이때 김성태의 메인 테마 변주가 처음 등장하는데, '범죄-영화' 트랙을 담당하는 영호의 시간에 어울리는 라이트한 버전이다.

•• 현 흥국생명빌딩이다. 김영준, 〈[영화로 보는 도시 공간] 비극의 무대로서 영화 〈오발탄〉에 그려진 서울〉, 《KMDb 영화글》(https://www.kmdb.or.kr/story/856/8511).

철호의 몽상처럼 보이는 장면,에 이어 그의 퇴근 시간이다. 턱을 감싸며 나온 철호는 "송 선생. 우리 월급봉투 들고 그냥 들어가기예요?"라는 미스 최의 유혹을 "아내가 좋아하는 꼴"로 방어하며 매력 없다는 말을 들은 후, 치과가 있는 거리에 들어선다. 하지만 그가 찾은 곳은 노상의 신발 가게이다. 샌들을 잠시 잡았다가 (비록 고무신이지만) 꽃신을 든 그는 삼백 환이라는 가격을 듣고 다시 내려놓는다.•

철호가 마을에서 사람들이 부르는 찬송가 소리를 헤치며 힘겹게 올라오니, 그의 움막 같은 집의 전경이 처음 제시된다. 집으로 들어갈 수 있는 마지막 사다리를 오르자, 딸 혜옥이 '고향의 봄'을 부르는 노랫소리, 이어서 노모의 힘없는 외침 '가자'가 들린다. 철호가 한숨을 쉬며 집 안에 들어서니 혜옥이 낡고

• 이 고무신은 결국 영호가 혜옥에게 사 줄 것이다. 이후 영호와 철호의 대화가 이루어지는 장면의 초입에 등장하는데, 그 역시 샌들이 아닌 고무신을 사 왔다. 한편 철호가 신발을 고르는 장면을 자세히 보면, 하필 영화를 구경하는 한 소녀의 모습이 카메라에 잡힌 것을 확인할 수 있다. 연출자의 의도를 넘어선 우발적 리얼리즘이 발생한 순간을 이렇게 해석해 볼 수 있을까. 영화 속에서 영화를 구경하는 소녀의 이미지는 꽃신을 향해 투사되는 영화 속 딸의 욕망—더 나아가 당대 현실을 살아가던 소녀들의 소망—을 환기시킨다. 이는 감독이 통제하지 못한 채 영화에 들어온, 우연하지만 진짜인 현실의 잔여물residue of reality이다.

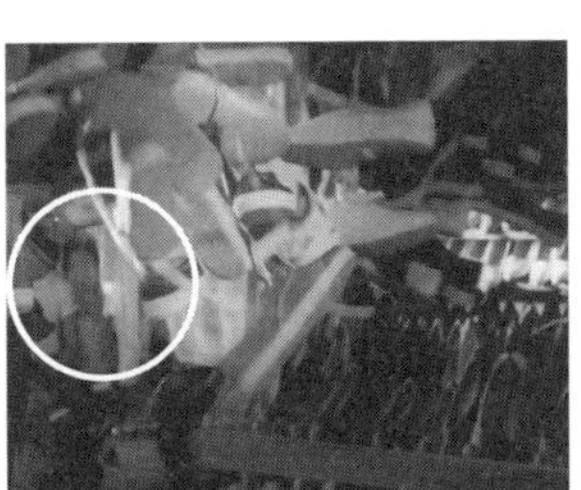

환상과 현실 사이 소녀의 모습.

생각에 잠긴 철호. ⇩

은행 앞에서 고심하는 영호. 영호에게도 필요한 지프차가 서 있다. ⇩

돈다발을 들고 은행으로 들어가는 남자에 홀린 듯 따라가는 영호.

큰 운동화를 신고 "나의 살던 고향은"을 부르며 혼자 '선'을 넘나드는 고무줄(정확히는 새끼줄) 놀이를 하고 있다. '고향의 봄' 가사를 떠올리며 두 가지만 생각해 보자. 혜옥에게는 오빠(들)의 낡은 운동화가 아니라 철호가 사 오지 못한 '꽃신'이 필요하다. 어린 혜옥에게 고향은 해방촌의 움막일 수 있지만, '가자'를 외치는 노모에게 고향은 북한이다. 다음 유현목의 증언은, 비록 영화의 순서는 부정확하게 기억하고 있지만, 명백하게 고향을 '그쪽-북한'으로 지시하고 있다.

> **유현목** 그 나는 각색해서, 에… 그 노파가 마지막에 비행기가 하악 내려올 때, "영호야, 우리 저 푸른 언덕에 저 하얀 양 떼들 따라가자." 그 저, 하나의 유토피아 같은 걸 상징했지요. 그러면 꼬마가 "나의 살던 고향" 뭐, 저 뭐야, 줄넘기하면서 불르는 거. "나의 살던 고향은" **그쪽으로 가자**는 거지. 그케 바꿔서 난 아무렇지 않았다고. (웃음) 나는. 근데 더 고칠 수 있는 부분이 있었는데, 강조하고. 또 그 검열은… 의식할 수밖에 없고. 그런 아쉬움들이 몇 장면 있어요.[45]

철호와 아내는 서로 쳐다보지도 않고 말도 없이 월급봉투를 건네고 받는다.• 큰삼촌이 나이롱 치마와 구두를 사 주면 화신(백화점) 구경을 갈 거라고 혜옥이 말하자, 철호는 딸의 이마에 자신의 이마를 부비며 괴로워한다. 시레기가 걸려 있는 움막 집 주방의 냄비에서 연기가 피어오르는 숏은 유사한 이미지 요소가 배치된 선술집의 주방으로 연결된다. 이 신은 어린 여성 종업원 대신 만수가 갈코리로 뜨거운 냄비를 옮기는 모습으로 시작한다. 유현목이 〈오발탄〉에서 앞뒤 신의 숏을 연결할 때 이미지적 유사성을 조율하고 사운드가 맞물리도록 결벽적으로 정교하게 설계했음을 알 수 있다. 이 장면 역시 미장센의 성분들이 앞뒤 장면으로 맞물리는 효과뿐 아니라 상이군인 만수 캐릭터의 디테일한 묘사까지 반영시키며 다음 장면으로 넘긴다.

카메라가 오른쪽 뒤로 빠지면 카메라 바로 앞에 나무 프레임으로 된 간이 테이블이 있고, 왼쪽부터 영호, 곽(진원) 하사, 경식이 술을 마시고 있다. 후경에는 냄비를 가져간 만수의 술자리가 보인다.•• 앞서 다방 장면에서 진원이 김 하사•••에게 했던 말을 똑같이 영호에게 반복한다.

• 촬영 착수용 시나리오의 지문은 "아내는 몽유병 환자처럼 받아서"라고 썼다.

•• 이후 카메라가 반대편으로 오면 그 전경이 주방이었음을 알 수 있다.

••• 주목하고 싶은 대목은, 이 영화에서 김 하사의 음성이 김진규가 분한 철호의 목소리와 동일하다는 점이다. 이는 영호가 철호의 또 다른 자아라는 비평적 해석을 밀고 나가는 데 유용한 실마리가 될 것이다. 중후한 이미지를 지닌 김진규의 후시녹음 목소리는 주로 성우 박영민이 전담했다.

진원 중대장님 같은 분도 자릴 못 잡으시고 쩔쩔매시는 판에 제대한 게 후회막심한데요.

영호 군대 생활같이 생각하다가는 큰코다쳐!

제대하고 2년 동안 삽살개처럼 안 돌아다닌 곳이 없다는 영호는 다음 말을 잇는다. "하이틴에서 남은 기백과 군대에서 세련된 용맹, 이 두 가지를 믿고 용감무쌍하게 곰을 잡으러 사회에 첫출발을 했단 말이야"라며 그의 '현대 아라비안나이트'를 들려준다. 사실 이 내용은, 원작 소설의 초입에서 철호의 '엉뚱한 생각'이다. 소설에서 철호가 가족을 건사하기 위해 (정신적으로는) 마치 원시인처럼 생존을 도모해야 하는 인물이라면, 영화에서는 영호가 가족의 삶을 위해 더 구체적으로 행동하는 인물이다.

이마에 길게 흐트러진 머리카락. 그 밑에 우묵하니 파인 두 눈. 깎아진 볼. 날카롭게 여윈 턱. 송장처럼 꺼멓고 윤기 없는 얼굴. 그것은 까마득한 원시인(原始人)의 한 사나이였다.

몽둥이 끝에, 모난 돌을 하나 칡넝쿨로 아무렇게나 잡아매서 들고, 동굴 속에 남겨 두고 나온 식구들을 위하여 온종일 숲속을 맨발로 헤매고 다니던 사나이.

곰? 그건 용기가 부족하다.

멧돼지? 힘이 모자란다.

노루? 너무 날쌔어서.

꿩? 그놈은 하늘을 난다.

토끼? 토끼. 그래 고놈쯤은 꽤 때려잡음 직하다. 그런데 그것마저 요즈음은 뫂에 잘 돌아오지 않는다. 사냥꾼이 너무 많다. 토끼보다도 더 많다. (108-109)

소설의 이 대목은 오리지널 시나리오 버전에서부터 '행동하는 사람' 영호의 대사로 부여되었다. 녹음대본과 달라진 점은 영호의 대사 사이에, 신문사 앞의 취직 합격자 발표를 보기 위해 모여선 군중, 도로 보수공사 현장, 동대문시장 안의 뒤끓는 상인들의 모습이 흘러가는 구상이었다. 삽살개처럼 좇아다닌 영호의 2년을 압축하는 몽타주 시퀀스를 설정한 것이다. 영화 속 영호는 다음과 같이 결론을 낸다. "허수아비를 무서워할 줄 모르는 까마귀만 한 용기라도 있어야 한다."

다음은 사이렌 소리와 함께 술집에서 나와 경식과 영호가 걷는 장면이다. 다리가 불편한데도 직통길로 가겠다며 비탈길로 내려가는 만용을 부리는 경식은, 영호에게 명숙이가 자신을 버려 줬으면 한다고 말한다. 짐짝 같은 식구들에 대한 이야기. 그들이 비참한 내면을 꺼내 놓는 사이, 야심한 밤 민가에서 아이의 울음소리가 들린다. 기억해 주길 바란다. 이 소리는 영화에서 두 번 더 반복될 것이다. 영호가 도주하는 청계천에서 그리고 끝내 철호가 들른 치과에서. 이 울부짖음은 메아리처럼 확장되며 현실과 환상-영화의 경계를 흔들 것이다.

영호가 마을 어귀에 들어서자, 형수와 혜옥이 명숙을 기다리고 있다. 형수와 영호는 서로 대화한다기보다 각자의 말을 하는 것처럼 느껴진다. 누이가 여태 안 들어온다고 걱정하는 형수에게, 영호는 "영 안 들어올 모양이죠"라고 답하지만 그녀는 반응하지 않는다. 이미 영호는 명숙의 상황을 알고 (있을 수) 있음을 비치는 대목이다. 어쩌면 형수도 누이의 일을 눈치챘을 것이다. "그들은 서로가 말할 수 없는 아픔을 씹어가면서" 언덕받이를 올라간다는 '촬영 착수용 시나리오'의 지문이 넌지시 알려 주듯이.

영호는 집으로 들어가지 않고 폐지 바구니 앞에 걸터앉아 윤심덕이 부른 오리지널 가사와는 다른 버전의 '사의 찬미'를 부른다. "넓은 광야를 달리는 인생아, 돈도 명예도 사랑도 다 싫다." 개봉 직후 재검열 과정에서 "원래 사상적인 배경의 노래"를 썼다고 지적받은 대목이다. 마을 어귀에서 영호와 철호의 장면이 그랬듯이, 형수와의 이 장면에서도 영호는 마치 이승을 배회하는 유령처럼 느껴진다. 영호는 형수에게 말을 하지만, 마치 형수는 영호의 대사가 없다고 해도 성립되는 혼잣말을 하는 것처럼 들린다. 영호는 이미 죽은 자일까, 아니면 죽음으로 향하는 자일까. 그러나 디제시스의 시간 순으로 본다면, 먼저 죽음을 맞이하는 쪽은 형수이다. 〈오발탄〉 속 인물들은 마치 자신들이 그것을 의식하지 못한 채, 삶과 죽음의 위태로운 경계 위에 서 있는 듯하다.

또 한 명의 죽은 목숨, 설희

설희 용케 살았군요.
영호 악착같이 살았지.

전장에서 만난 사람들이 살아서 다시 만났을 때 나누는 인사가 이보다 더 적확할 수 있을까. 영호와 설희는 동양제과 공장 앞• 건널목의 차단봉을 넘어 조우한다. 서로 그리워했던 둘은 다시 만나 아이처럼 들떠 있다. 설희의 집 앞, 영호에게 그녀는 옥상 꼭대기에 사는 '상당한 이유가 있다'고만 말한다. 그 상당한 이유의 진정한 의미는 그녀 역시 예견했을지도 모른다. 설희가 집으로 올라가는 계단을 누가 먼저 올라가나 내기하자

• 현재 삼각지역 인근 용산구 문배동이다.

고 하고, 둘이 계단을 뛰어오른다. 그 모습은 그들 말대로 꼭 어린애 놀이play 같지만 닿을 듯 말 듯 숨 가쁜 몸짓은 마치 성애의 전희foreplay를 연상시킨다. 계단 꼭대기에서 시인 지망생 청년이 나타나는 바람에, 그들의 성애는 전희에서 멈춘다.

이 영화의 창작자들이 의도한 것인지 확실치 않지만, 촬영 착수용 시나리오에서 설희의 집은 125개나 되는 계단을 올라가야 하는 4층 꼭대기이지만, 녹음대본과 영화에서는 44개나 되는 계단을 올라가야 하는 꼭대기 옥상 집이다. 여기서 '4'는 예의 불행한 숫자를 의미하는 것일까.* 설희는 높직한 데서 좀 내려다보고 살고 싶어서 꼭대기 창고에서 살고 있지만, 그녀의 방은 '천국의 문지기'가 지키는 이승의 저편과 가장 가까운 곳이기도 하다. 하지만 문지기 영감(남춘역)은 천국으로 가는 문을 잘 지키지 못하고 졸고 있다. 설희의 방에 들어선 두 사람의 대화를 통해 전중戰中과 전후戰後에 걸친, 각자의 사연이 나눠진다. 송(영호)은 오(설희) 중위가 있는 야전병원에서 겨우 이틀을 머물렀다 후방으로 이송됐다. 그는 대학을 중퇴했고, 그녀는 대학 3학년이지만 하루의 4시간은 지하실의 바에서 일한다. 영호는 물론 설희 역시 전선의 야전병원에서 생사의 경계를 경험한 사람들이다. 여전히 그녀는 죽음(-옥상-천국)과 삶(-지하실

* 동아시아 문화권에서 '四(사)'의 발음은 '死(사)'와 같거나 유사해, 불길한 숫자나 죽음의 상징으로 여겨졌다. 말하자면 죽음의 음향적 대리기호이다.

철로에서 만난 영호와 설희는

숨 가쁘게 철제 계단을 올라

그녀가 떨어지게 될 자리를 미리 본다.

바)의 경계를 위태로운 계단으로 오가고 있다. 다시 만난 둘은 영락없는 연인의 모습이다. 설희는, 미리가 원하는 영화-환상이 아닌 영호가 설계하는 영화-현실의 매개자가 될 것이다. 하지만 영호의 욕망은 끝내 실현되지 못한다.

밤거리의 여인, 명숙

사무실에 있던 철호는 누이동생 명숙과 관련된 전화를 받고 경찰서로 간다. 소설에서는 영호가 잡혀 있다는 연락을 받고 가는 장면을 바꾼 것이다. 영호가 은행 강도에 실패해 경찰서에 잡혀갔을 때 영화에서는 철호가 연락을 받는 장면이 등장하지 않는다. 철호와 영호는 영화 속 현실이 아닌, 의식의 층위에서 서로 연결된 인물들일 수도 있다. 대신에 이후 등장하는 전화기의 클로즈 숏은 영호의 범행이 중계될 때 사용된다.

한편, 철호의 경찰서 신은 유현목이 시나리오의 문자를 초월해 어떻게 근사한 영화적 표현을 만들어 내는지를 보여 주는 대표적인 장면이다. 그는 미장센의 레이어를 설정해 공간 속 인물과 스토리의 진행을 맞물리게 하면서, 이 영화가 철호 가족의 이야기에 한정되지 않고 당대 사회의 분위기와 접속하고

전경의 철호가 서류에 서명하려고 몸을 굽히면 ⇩

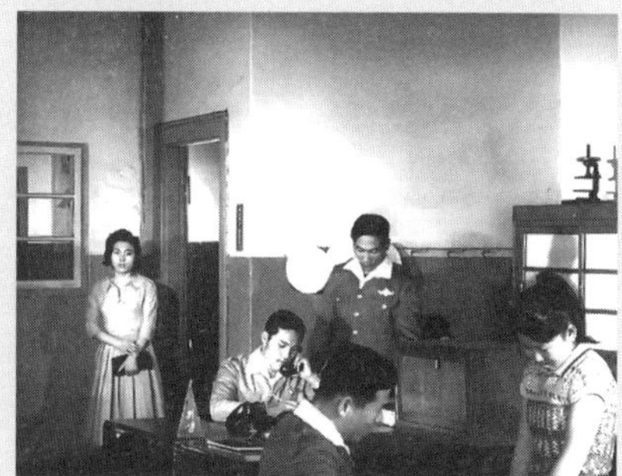

뒷방에서 명숙이 나와 오빠를 알아본다.

둘은 경찰서를 나와 말없이 걷는다.

있음을 보여 준다.

후경의 보안계 주임(고설봉)이 서명하라고 그에게 서류를 건네자, 연결된 그림은 철호의 버스트 숏이다. 철호가 서명하기 위해서 고개를 숙이면 오른쪽 중경에서 (아마도 양공주 일로 잡혀) 취조받는 어린 여성이 보이고, 뒤이어 왼쪽 후경의 문에서 (영화 속에서 처음 양장을 입은) 명숙이 경찰을 따라 걸어 나온다. 서명이 끝난 철호가 고개를 들면, 오빠를 알아챈 명숙이 고개를 숙이는 모습이 보이고(후경은 포커스 아웃), 철호가 등을 돌려 다가가자 명숙이 먼저 문 밖으로 나간다(후경으로 포커스 인). 이런 일이 익숙한 상황•이라는 듯, 그들을 바라보는 보안계 주임의 버스트 숏으로 신이 마무리된다. 명숙에 이어 철호가 계단을 내려오며 서울 중부경찰서의 전경이 처음 등장한다. 뒤따라 나온 그가 명숙을 흘겨보고 먼저 출발한다. 앞으로 철호는 여러 번 이곳을 드나들 것이다.

메인 테마의 변주가 흘러나오면서 철호와 명숙이 말없이 걷는다. 전경의 철호와 조금 뒤떨어져 걷는 중경의 명숙 사이

• 영화에서 명숙의 경찰서행은 '이번 한 번만은 선처'받는다. 하지만 소설에서는 몇 번 일어난 일이다.

철호는 전에도 몇 번 경찰서의 호출을 받은 일이 있었다.

양공주 노릇을 하는 누이동생 명숙이가 걸려들면 그 신원보증을 해야 하는 철호였다. 그때마다 철호는 치안관 앞에서 낯을 못 들고 앉았다가 순경이 앞세우고 나온 명숙을 데리고 아무 말도 없이 경찰서 뒷문을 나서곤 하였다. (137-138)

에는 쇠사슬로 연결된 차단봉이 둘의 사이를 가르고 있다. 철호는 고개를 떨구고 걷지만, 명숙은 당당하게 걷는다. 거리를 걷는 것은 살기 위해 현실과 대결하는 것이다. 영화의 말미, 영호의 행동이 결국 벽에 부딪히고 아내가 세상을 떠나자 철호 역시 서서히 걷기 시작한다. 〈오발탄〉의 촬영 착수용 시나리오의 첫 부분에는 다음과 같은 손글씨 메모가 있다.

> 똑바로 앞을 보고 걸어야 한다. 걸어야 한다. 그것이 비록 끝없는 길이라 할지라도 단념해 서 있을 수는 없다. 섰다는 것과 걷고 있다는 것은 다르기 때문에.

다음 신은 영호가 미리의 영화를 거부하고 자신의 범죄-영화를 만들기로 결심하는 장면이 이어질 것이다. 그 다음 신에서 철호가 노면전차 창밖으로 명숙이 미군의 지프차에 타고 있는 모습을 목격하고 반대편 창 쪽으로 자리를 옮겨 속으로 울음을 삼키는 장면이 등장한다. 서양 재즈 음악과 판소리 선율이 혼류하며[*] 미국적 가치와 전통적 가치의 충돌을 선명하게 제시했다고 회자되는 바로 그 장면이다. 나는 이렇게 말해 보

[*] 촬영 착수용 시나리오 69쪽 상단에 다음처럼 수기(실제로는 한자의 간자)로 지시되어 있다. '電車內 Jazz와 國樂'.

고 싶다. GI[•]의 양공주와 한국 남자들. 살기 위해 거리로 나선 명숙과 이 모습을 쉽게 비하하는 전차 승객 사이에서 외면할 수밖에 없는 오빠 철호의 복잡한 감정은 전쟁과 분단이라는 국가의 상처가 한 인간의 내면에 새긴 비극의 표현이다.

소설에서는 영호와 철호가 논쟁하는(영호가 '까마귀만 한 용기'와 '법률선'에 대해 강변하자, 철호가 '엉뚱한 생각'과 '억설'이라고 응수하는) 대목 다음에 철호가 "언젠가 퇴근하던 길에 전차 창문 밖으로 본 명숙의 꼴을" 떠올리면서 등장하는 장면이지만, 영화에서는 시간 순서대로 일어난 일인지 명숙과 걷던 철호의 머릿속에서 떠오른 '언젠가'의 일인지 분명하지 않다. 인용한 소설의 마지막 문장처럼, 만약 전차에서 본 장면이 영화에서도 과거 시점이라면, 철호와 명숙이 경찰서에서 만나 거리를 걸을 때 서로 말을 섞지 않고 본체만체한 이유가 설명이 된다.

> 철호가 탄 전차가 을지로 입구 십자거리에서 머물러 신호를 기다리고 있었다. 손잡이를 붙들고 창을 향해 서 있던 철호는 무심코 밖을 내다보았다. 전차 바로 옆에 미군 지프차가 한 대 와 섰다. 순간 철호는 확 낯이 달아올랐다.
>
> 핸들을 쥔 미군 바로 옆자리에 색안경을 쓴 한국 여자가 앉

• 미군 병사를 이르는 속어이다. 정부 지급품을 의미하는 'Government Issue'의 약자에서 비롯됐다.

아 있었다. 그것이 바로 명숙이었던 것이다. 바로 철호의 턱밑에 서였다. 역시 신호를 기다리는 그 지프차 속에서 미군은 한 손은 핸들에 걸치고 또 한 팔로는 명숙의 허리를 넌지시 끌어안는 것이었다. 미군이 명숙의 얼굴을 들여다보며 뭐라고 수작을 걸었다. 명숙은 다리를 겹치고 앉은 채 앞을 바라보는 자세 그대로 고개를 까딱거렸다. 그 미군 지프차 저편에 선 택시 조수가 명숙이와 미군을 쳐다보며 피시시 웃었다. 전찻간에서도 마찬가지였다. 철호 바로 옆에 나란히 서 있던 청년 둘이 쑥덕거렸다.⁝

"그래도 멋은 부렸네."

"멋? 그래 색안경을 썼으니 말이지?"

"장사치곤 고급이지 밑천 없이."

"저것도 시집을 갈까?"

"흥."

철호는 손잡이를 놓았다. 그리고 반대편 가운데 문께로 가서 돌아서고 말았다. 그것은 분명히 슬픈 감정만이 아니었다. 뭐라고 말할 수조차 없는 숯덩어리 같은 것이 꽉 목구멍을 치밀

⁝ 이 대목의 녹음대본과 영화의 대사는 당대 한국 사회의 말투를 반영해 더 현실적으로 느껴진다.

客 A: 장사치고는 고급이야 밑천 안 들구.

客 B: 저러고도 또 시집가겠지?

客 A: 시침 뚝 갈기면 대학생인지 오피스걸인지 알 게 뭐야.

客 B: 아다라시(일본어 아타라시이〔新しい〕에서 변형된 처녀의 속어—인용자 주)로 뵐 거야.

었다. 정신이 아뜩해지는 것 같았다. 하품을 하고 난 뒤처럼 콧속이 싸하니 쓰리면서 눈물이 징 솟아올랐다. 철호는 앞에 있는 커다란 유리를 콱 머리로 받아 부수고 싶은 충동을 느끼며 어금니를 꽉 맞씹었다. 찌르르 벨이 울렸다. 덜커덩 전차가 움직였다. 철호는 문짝에 어깨를 가져다 기대고 눈을 감아 버렸다.

그날부터 철호는 정말 한 마디도 누이동생 명숙이와 말을 하지 않았다. 또 명숙이도 철호를 본체만체였다. (131-132)

소설 속 철호는 "앞에 있는 커다란 유리를 콱 머리로 받아 부수고 싶은 충동을" 느끼지만, 영화 속 영호는 그를 가로막은 유리를 주먹으로 깨트리고 자신의 계획을 실천에 옮긴다.

미리의 영화를 거부하면서 시작되는 영호의 영화

다시 영호의 영화 프로덕션인 다방 장면이다. 마담(유계선)이 영호에게 미리의 '러브 레터'라고 놀리듯 쪽지를 전하자, 영호는 다방에 앉아 있던 전역 군인 동료들에게 "오랜만에 환상에 그리던 여자를 만났어"라고 말한다. 문자 그대로의 러브 레터를 그에게 전해 줄 설희의 존재를 알리는 것이다. 미리의 쪽지를 확인한 그가 좋은 일자리가 생겼다고 하자, 진원이 형님은 핸섬이니까 배우가 되는 것 아니겠냐고 말해 다들 웃게 만든다. 영호가 동료들에게 시간을 물어보고, 그들은 3시 10분 전이라고 답한다. 이제부터 영호는 시간을 체크하기 시작한다.

영화 세트장 같은 다방 신 다음에는 극 중 영화사 장면이 이어진다. 마치 홍보용 문화영화•의 한 장면처럼 건물 이층 테라스 공간 테이블에 자리 잡은 영화인들이 굳이 햇빛에 필름을 비춰 보며 편집을 논하고 있다. 또 후경의 한 그룹은 큰 책을 펼치고 이야기하는 중이다. 미리는 물론, 조감독과 스태프들 역시 말끔하게 차려입고 그 공간의 팬시함을 더한다.

영호가 도착하자 조감독 민과 여배우 (고)미리•• 는 영화에 출연하지 않겠냐고 물어본다. 미리는 새 작품의 주인공이 상이군인인데 성격이나 용모가 마침 그와 같다며 "상처까지 이용가치가 만점"이라고 실언해 영호를 놀라게 만든다. 조감독은 '극

• 문화영화(文化映畵)는 단순히 문화적 내용의 영화가 아니라 국가 주도의 교양·계몽·선전 목적을 지닌 기록영화를 말한다. 일제강점기의 산물이지만, 1950~70년대 한국 정부의 공식 홍보·계몽영화 장르로 기능했다.

•• 촬영 착수용 시나리오에서 미리가 처음 등장하는 다방 유정 신(#14)의 지문은 "현대여성을 가장 대표한 것 같은 美利"라고 소개한다. '아름다움(美)'을 통해 '이익(利)'을 얻는 세계에 사는 사람을 의미하는 것일까. 반면 최종 영화와 가까운 녹음 대본에서 미리의 한자는 '美里'로 바뀐다. 영호는 은행 강도가 끝나면 그녀에게 돌아가 밤을 같이 보내기로 했다. 한편 그녀의 이름 '고, 미리'는 영화 촬영과 관련된 단어를 연상시키기도 한다.

중인물 그대로의 송 선생'을 만나 기쁘다고, 미리는 '서로가 운이 좋았다'고 덧붙인다. 조감독이 영화에 대한 설명을 이어 간다. 주인공이 옆구리에 관통상을 입었을 때 군의관은 단념했는데, 한 간호장교 덕분에 살게 된다. 그리고 영화에 진짜 상처가 등장해야 한다는 것.

여기서 두 가지 정도 생각해 볼 부분이 있다. 영호는 다른 상이군인 동료들처럼 상처가 밖으로 표시나지 않았는데, 옆구리에 두 군데 관통상을 입은 것이었다. 그리고 영호와 설희의 이야기, 즉 영호의 실제 사건이 영화 속에서 영화로 만들어지려고 한다. 그렇다면 현실의 설희는 극 중 영화에서 미리가 연기하는 것일까. 영호는 장사하려는 영화에 내 옆구리의 썩은 상처를 팔 수 없다며, 장난으로 총에 맞은 게 아니라고 일갈한 후 시나리오 책을 내팽개치고 떠난다. 영화-환상에 대한 명백한 거부. 계단을 내려가 나가려던 영호는 문이 열리지 않자, 주먹으로 유리를 깬다. 그 유리문에는 'HPL 영(화사)'•이라는 글

• 촬영 착수용 시나리오에서부터 설정된 HPL 영화사(프로덕션)의 약어가 궁금하지만 구체적인 정보는 남아 있지 않다. 프리프로덕션Pre-production 과정이 제시된 다음, 영화 후반부 래버러토리Laboratory 신이 중요하게 기능하는 것을 고려한다면, H(anguk yeonghwa) P(roduction) L(aboratory)의 약자일까. 한편 실제 로케이션 장소는 1959년 〈대한뉴스〉 제197호 '새로운 영화제작소' 편에 소개된 중앙청 내 공보실 영화과의 "가장 현대적인 영화제작 시설"을 갖춘 스튜디오이다. 이는 영화연구자 백동엽의 도움을 받아 파악했다. KTV 아카이브(https://www.youtube.com/watch?v=dVG7FV7P0G0).

1959년 1월 15일 낙성식 영상에 보이는 2층 테라스 ⇨ 에서 필름 편집을 논의하는 극 중 영화인들.

'공보실 선전국 영화과'라는 현판 자리에 ⇨ 극 중 'HPL 영화사' 현판을 달았다.

자가 붙어 있다. 현관문은 왜 잠겨 있었을까. 다시 말해, 영호가 영화사에서 나가려는 것을 왜 방해했을까. 영호는 직접 영화-환상의 유리를 깨고 영화-현실로 돌아온다.

바로 이어지는 신은 영호의 '영화 프로덕션'인 다방이다. 오른손에 붕대를 감고 돌아온 영호는 냉수를 들이키고 다시 한 번 탁자를 내리친 후 "굴러들어온 복(映畫-환상-榮華)을 천 조각 만 조각 깨 버렸어"라고 말한다. 덩달아 흥분하는 진원에게 그는 "야! 너 내가 시키는 일 모조리 한다고 그랬지?" 바로 이어 "운전 자신 있다고 했지"라고 묻는다. 이제 영호의 영화-현실이 본격화된다. 이 대화 말미에 진원은 운전보다 영화계에 나가고 싶다고 말하고, 영호는 그의 욕망에 강도 계획을 오버랩시킨다. 그리고 앞서 살펴본 철호의 전차 장면, 즉 철호의 가장 비참한 심리 상태가 표출된 직후 영호가 한국상업은행 남대문 지점에서 강도 계획을 탐색하는 모습이 등장한다.•

영호는 은행이 문을 닫는 시점, 말 그대로 셔터문이 내려오는 순간 은행 안으로 몸을 구기고 들어간다. 영호가 내부를 둘러보는데, 벽에 붙은 시계는 은행이 문을 닫아야 하는 시간인

• 녹음대본의 순서는 ① 영호의 영화사 방문 → ② 철호의 전차 → ③ 영호의 은행 탐사 → ④ 영호가 돌아온 다방 → ⑤ 영호가 경식에게 명숙의 일을 알리는 술집 순이지만, 최종 영화는 ① → ④ → ② → ③ → ⑤ 순으로 바뀌었다. 덕분에 영호가 미리가 제안한 영화를 거부하고, 다방에서 '범죄-영화'를 결심한 후 은행을 탐사하는 것으로 본격화되는 그의 행동 축이 선명해졌다.

4시를 지시한다. 그의 계획에는 이미 불행의 숫자가 따라나섰다. 은행 밖의 카메라는 장난감 행상 리어카를 밀고 가는 소년을 따라가며 건물의 윤곽을 제시한다. 카메라가 이동한 구석에 뒷문으로 빠져나온 영호가 보이고, 그는 은행 빌딩 옆의 판자 울타리까지 살펴본다. 강도의 리허설은 이렇게 마무리된다.

술집에 도착한 영호는 경식을 불러 느닷없이 '무력한 인간들의 바이블'에 명숙이 제물 제1호가 되었다고 전한다. 전차에서 미군의 지프차에 타고 있는 명숙을 목도하고 울음을 삼킨 것은 철호이지만, 그 사실을 경식에게 말하며 격분하는 사람은 영호이다. 전차 안에서 청년들의 대화를 들은 것은 철호이지만, 어쩌면 그 말은 영호의 연인 설희에게도 해당될지 모른다. 그는 '무력한 인간들의 바이블' 대신 '현대 아라비안나이트'를 따르는 사람이다.

디제시스(영화적 시공간)상 영호가 직접 보지 못한 명숙의 모습은 경식이 목도한다. 조선호텔 옆에 서 있는 명숙에게 다가간 한 미군이 처음 본다며, 그녀를 안아 들고 어지럽게 돌린다. 그녀는 도망가고 미군은 쫓아가다가 넘어진다. 이때 영화의 가장 비극적인 순간이 하나 더 등장한다. 달려가던 명숙이 목발을 짚고 걸어오던 경식과 부딪힌다. 넘어진 경식은 명숙임을 깨닫고 반가운 표정이지만, 이내 못 보던 옷차림을 보고 놀란다. 명숙은 다시 도망간다. 이 장면을 지배하는 소리는 상이군인과 양공주가 부딪히는 모습을 보고 미군이 크게 웃는 것이다. 벤치에 걸터앉아 괴로워하는 경식의 버스트 숏은 디제시스에서 볼 수 있는 그의 마지막 모습이다.

죽은-죽을 사람,
영호와 설희

촬영 착수용 시나리오를 보면 방금 검토한 두 장면 사이에 다른 신이 있었다. 수기로 가위표를 한 것으로 보아 촬영하지 않은 장면으로 보이는데, 영호와 경식의 선술집 장면과 조선호텔 앞 명숙과 경식이 부딪히는 장면 사이의 '술집 앞' 신(#51~52)이다. 전신주 옆에 서 있던 영호가 극심한 통증을 느끼는데 이때 병원에서의 회상 장면이 등장한다. 의사는 영호에게 간장이 곪았다며 "소 같은 친구군. 그냥 두었더라면 한 달두 못가 죽었어!"라고 말해 준다. 유현목이 굳이 이 장면을 촬영하지 않은 이유는 무엇일까. 영호가 '어차피 죽을 목숨'임을 분명하게 강조하고 싶지는 않았던 듯하다. 허나 이를 스토리의 저류로 고려해 본다면 영화에서 숫자 '4(死)'가 여러 번 등장하는 맥락을 짐작할 수 있다.

바로 다음 장면. 영호는 기이한 소리에 이끌려 괴로운 심정으로 걸어간다. 그가 향하는 곳은 설희의 집이다. 어쩌면 여대생인 그녀 역시 여동생 명숙의 사정과 다르지 않을 수도 있다. 이처럼 〈오발탄〉 속 인물들은 서로 연결되어, 서로를 비추는 거울처럼 존재한다. 영호 역시 설희처럼 세상을 떠날 것이다. 아니, 만약 영호가 이미 유령 같은 존재라면, 이번에는 설희가 그를 따르는 것이다. 영호를 직접 보여 주는 숏이 아니라, 녹음대본의 지문처럼 '영호의 그림자가 길게 걸어가다가 멈춘다.' 영화 말미 병원 장면에서는, 마치 대구(對句)처럼 철호의 그림자가 강조될 것이다. 그는 설희의 방이 있는 옥상을 올려다본다. 이때 이상한 소리의 출처가 밝혀지는데, 심야에 자신의 존재를 알리는 맹인의 피리 소리이다. 계단을 오른 영호가 설희의 방문을 두드리자, 그녀는 시인 지망생 청년으로 오해하고 시 10편도 채 쓰기 전에 지옥으로 보내 주겠다며 권총을 들고 맞이한다. 드디어 '오발탄(誤發彈)'이라는 영화 제목을 떠올리게 하는 권총이 처음 모습을 드러낸다. 소설과 달리 영화에서는 권총의 출처가 있다.

> **설희** 우린 전선에서 우리들의 앞을 가로막았던 적의 그 어떤 장벽들도 이것으로 모조리 무너뜨렸어요. (중략) 그러나 가로막힌 운명의 장벽. 그것만은 이것으로 뚫을 수는 없군요.

영호가 총은 왜, 어디서 났느냐고 물어보자, 설희는 자살 애호가라도 이제 이런 것이 필요 없다며 오답처럼 말한다. 그녀는 굳이 죽음을 입 밖으로 꺼냈다. 영호가 얼굴만 보고 금방 떠나려 하자, 시인 지망생 청년이 휘파람을 불며 마치 맹인처럼 자신의 존재를 알린다. 그는 설희에게 집착하는 맹목(盲目)적 존재이다. 시 10편을 끝맺는 날에는 수류탄으로 자기 육체를 깨끗이 날려 버리겠다는 괴짜, 라고 설희가 소개한다. 청년이 그녀와 영호가 같이 있는 모습에 실망하고 돌아선 후, 이 영화에서 가장 로맨틱한 순간이 연출된다. 전후 한국영화에 조심스러운 키스신이 등장한 이후 1960년대 영화 전체를 통틀어 내가 기억하는 가장 아름다운 장면이다. 설희는 영호에게 줄 것이 있다며 내일 아침 들르면 서랍을 열어 보라고 말한다. “우리들의 운명을 또달리 바꿀 수 있는 건진 모르겠어요.” 설희는 ‘러브 레터’를 남겼지만, 영호에게 그것은 권총이었다. 55분이 지난 영화는 처음으로 긴 암전을 이용해 다음 장면으로 넘어간다. 그사이 경식은 떠났고, 설희는 생을 마감했다. 이제 영호는 은행 강도 계획의 최종 준비를 마칠 것이다.

다음 날 아침, 만수의 동선을 따라 해방촌의 풍경이 또 다른 각도로 펼쳐진다. 나갈 채비를 하는 영호에게 조카 혜옥은 삼촌 친구 갈쿠리가 왔다고 말한다. 경식이 종적을 감췄다고 전하러 온 만수는 하숙집 주인에게 들은 그의 말을 되풀이한다. "죽어 가는 사람에게 당신은 어딜 갈 것이냐구 물으면 모르겠노라고 대답할 거라는 거야." 이때 노모는 절묘하게 "가자" 소리를 덧붙인다. 이는 영화의 마지막, 택시 속 철호의 모습을 예비하는 것이다. 갈 곳을 알지 못하지만 '가자'라고 말할 수밖에 없는 철호. 노모가 '가자'를 되풀이하는 사이, 경식이 떠난 이유인 명숙이 집을 나선다.

영호는 설희가 요청한 것처럼 다시 그녀의 집으로 왔다. 하지만 '천국의 문지기' 영감은 빨리 나가라며 '여기는 보통 사람은 출입 못 하는 곳'이고, 이놈이 사람을 싫어한다는 알 수 없는 말을 한다. 그가 먹이를 주는 '새장 속의 새' 이미지는 이후 영호의 범행 직전에 반복될 것이다. 영호가 설희를 기다린다고 하자, 어젯밤에 가 버렸다고 말한다. 시인 청년이 설희를 밀어 덮치며 같이 떨어졌다는 것이다. 새벽 서너 시에 일어난 일이므로 영감 역시 추정해서 말하는 것이지만, 마치 본 것처럼 묘사한다. 믿기지 않는 영호가 설희의 방문을 부서져라 두드리자, 영감이 마지못해 열어 준다. 영호는 설희의 영정 사진 같은 액자를 마주한 다음, 서랍을 찾아 열어 설희의 '러브 레터'를 확인하고, 소박한 제사상 같은 음식이 이미 놓여 있는 조리대 앞에서 떠난 그녀를 애도한다. 그는 권총을 찾아 (돈도 함께) 들고 지난 밤 설희가 한 말에 이제야 대답한다. "왜 못 뚫어." 이

제 그의 시간은 멜로드라마적 정동affect(情動)•을 관통하며 범죄영화의 세계로 진입한다. 다시 말해, 본격적인 '영호의 영화'가 움직이기 시작한다.

유정다방의 전화벨이 울린다. 고정된 미디엄숏 화면으로, 마담이 먼저 전화를 받고 왼쪽 화면 밖으로 자리를 비켜 곽(진원) 하사에게 바꿔 주는 식으로 처리했다. 공교롭게도, 그가 마담을 도와 사다리를 이동시키는 중이어서 수평적 흐름이 가능했다. 왜 이 같은 특이한 숏을 배치했을까. 통상 사다리는 위로 올라갈 수 있도록 돕는 도구이고, 진원은 영호를 도울 사람이다. 하지만 그(가 들고 있는 사다리)는 도움이 되지 못하고, 영호는 은행 강도 행각의 마지막 순간, 철제 사다리 같은 난간을 타고 가장 높은 곳까지 올라가지만, 결국 무위에 그친다. 유현목은 영화 〈오발탄〉 전체에 유사한 이미지를 심어 놓았다. 철제 난간을 위태롭게 오르던 설희도 아래로 떨어졌다. 해방촌 집에 도착하기 위한 마지막 단계에서 힘겹게 나무 사다리를 올랐던 철호의 반복되는 모습도 기억해 주길 바란다.

영호가 다방에 있는 진원에게 전화한 이유는, 다들 외상 술

• 영화에서 '정동'은 캐릭터의 감정 묘사가 아니라, 영화적 형식과 감각적 장치가 관객의 신체에 직접 각인되는 효과를 말한다. 여기서는 몸과 감각을 통해 전달되는 정서적 진동이 관객의 감응을 조직하고, 윤리적 태도가 형성될 수 있는 조건을 만들어내는 영화적 감정의 작동 방식을 의미한다.

나무 사다리를 타고 올라야 하는 철호의 집.

영호에 조력하는(사다리가 되어야 하는) 진원.

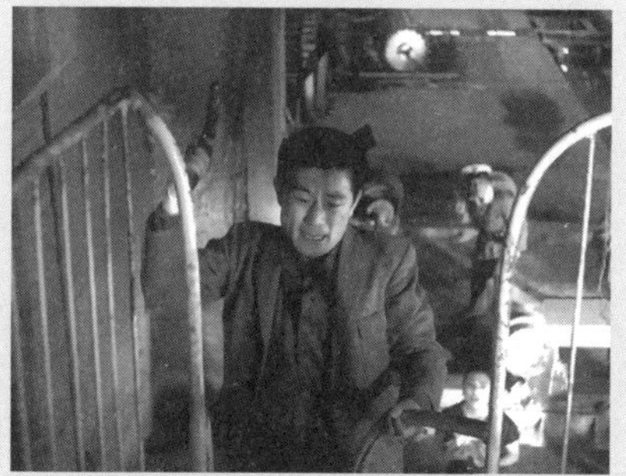

영호는 더 이상 오르지 못하고 범행을 종료한다.

집으로 몰고 오라고 말하기 위해서이다. 그는 내일을 위해 밤새 마시자며, "내일은 우리들 생애의 최고의 날이 될 거야"•라고 자신한다. 그리고 떠난 경식의 소식을 물은 후 지프차를 한 번 더 챙긴다. 이 장면에서 영호가 옆구리를 부여잡고 전화를 거는 곳은 이 영화 전체를 통틀어 유일하게, 단박에 이해되지 않는 공간이다. 인체 모형 같은 것이 모여 있다. 이는 촬영 착수용 시나리오에서 실마리를 찾을 수 있는데, '전화실과 계단'이라고 부여된 신(#64)의 장소명 앞뒤로 다음과 같은 메모가 쓰여 있다. '醫療具商(의료구상)' 그리고 '빌딩 안'. 앞서 언급한 것처럼 원래 시나리오에 있었지만 포함되지 않은 신, 즉 영호가 들른 병원 장면과 유사한 시각적 요소로 연결되는 공간이다. 어차피 영호는 죽었거나, 죽을 사람이다.

• 할리우드영화 〈우리 생애 최고의 해The Best Years of Our Lives〉(윌리엄 와일러, 1946)를 떠올리게 하는 대사이다. 제2차 세계대전 직후의 미국 사회와 재향군인들의 현실 복귀를 사실적으로 그린 이 영화는 1959년 10월 8일 단성사에서 개봉해 한국 사회에 적지 않은 반향을 일으켰다. 〈〈우리 생애의 최고의 해〉 귀환병의 적나라한 현실묘사〉, 《경향신문》 1958년 10월 4일자.

허수아비 같은 법률선과
억설 사이

철호가 터덜터덜 집으로 올라간다. 철호 가족의 집은 간다기보다 올라간다라는 복합동사를 사용하는 것이 더 정확하다. 가족 중에 유일하게 귀가하는 (장면이 있는) 사람인 철호의 모습이 반복될수록 해방촌 풍경의 디테일이 쌓여 간다. 마지막으로 그가 나무 사다리 같은 층계를 오르면 집에 도착한 것이다. 문턱에 들어서는데 오늘따라 노모의 '가자' 소리가 강하게 들리고, 울고 싶은 표정의 철호는 돌아서 나온다. 턱을 감싸고 하늘로 시선을 옮기면, 전투기 편대가 연무를 그리며 하강하는 인서트 숏이 보인다. 그 소리에 노모가 "가자"라고 외치며 벌떡 일어나 "애야, 어서들 짐을 싸고 나서렴. 저 양 떼를 따라가야지. 모두들, 모두들 푸른 곳으로 가는데. 애야…"라고 말하며, 부뚜막 화덕에서 불을 피우며 안타깝게 바라보고 있는 철호의 아내 쪽으로 몸을 움직인다. 직전 숏에서 전투기의 연무가 화덕의 연기와 이어지며 이미지적 유사성을 유지하는 것은 노모가 미친 이유를 설명하기 위해서이다. 극 중 노모가 유일하게 길게 말하는 이 대사는 재검열 과정에서, 노모의 '가자'가 지시하는 공간이 '북한'이 아닌 '유토피아'라고 검열 당국에 확인시키려고 추가해 넣은 것이다. 하지만 이 신에서 보이는 이미지의 연쇄는 명백하게 영화가 만들어지기 불과 몇 년 전 한반도에서 있었던 전쟁(과 피란민)을 상기시킨다.

촬영 착수용 시나리오를 살펴보면, 철호가 집 앞에서 돌아나와 해방촌을 걷는 장면 사이에 촬영하지 않은 신들이 있었다. 정신병원에 입원한 노모의 장면(#67) 그리고 피란민 수용소에서 고생하는 아내의 모습(#69)이다. 전자에서 노모를 진찰한 의사는 '가자'가 지시하는 시공간이 철호 가족의 생활이 윤택했던 과거 혹은 우리 현실보다 나은 세계인 영각(永却)•의 나라라고 진단한다. 후자의 신에서는 회상을 통해 철호의 아내가 여자대학에서 음악을 전공한 재원임을 보여 준다. 완성된 영화에서 아내의 예전 모습은 방바닥에 놓인 결혼사진 액자로만 추정할 수 있을 뿐이다. 집(-짐 같은 가족)을 피했던 철호는 산비탈 가장 높이 올라 오침을 하고 있는 지게꾼 옆에 쭈그리고 앉아 전경을 바라본다. 그의 눈앞에는 해방촌의 '게딱지 같은' 판잣집들이 아니라 부촌의 건물들이 펼쳐져 있다. 높은 곳에서 내려다보며 사는 가난한 사람들이라는 공간적 아이러니. '오침하는 지게꾼'이 다시 등장하는 순간을 기다려 주길 바란다.

• 국어사전에는 등장하지 않는 단어이다. 한자로 추정해 보면, 현실로부터 영원히 떨어져 있는 세계를 가리키는 것으로 읽힌다. 불교에서 끝없는 시간을 의미하는 영겁(永劫)에서 한자를 바꿔서 의미의 전용을 의도한 듯하다.

"그야 형님! 인생이 저 골목 안에서 십 환짜리를 받고 코 흘리는 어린애들에게 보여주는 요지경이라면야 자기가 가지고 있는 돈값만치 구멍으로 들여다보고 말 수도 있겠지요. 그렇지만 어디 인생이 자기 주머니 속의 돈 액수만치만 살고 그만두고 싶으면 그만둘 수 있는 요지경인가요 어디. 돈만치만 먹고 말 수 있는 그런 편리한 목구멍인가요 어디. 싫어도 살아야 하니까 문제지요. 사실이지 자살을 할 만치 소중한 인생도 아니고요. 살자니까 돈이 필요하구요. 필요한 돈이니까 구해야죠. **왜 우리라고 좀더 넓은 테두리, 법률선(法律線)까지 못 나가**란 법이 어디 있어요. 아니 남들은 다 벗어던지구 법률선까지도 넘나들면서 사는데, 왜 우리만이 옹색한 양심의 울타리 안에서 숨이 막혀야 해요. 법률이란 뭐야요. 우리들이 피차에 약속한 선이 아니야요?" (126-127)

어둠이 내리고 영호가 먼저 집으로 들어온다. 그가 혜옥에게 줄 꽃신을 사 왔다. 세상을 떠난 설희 집에서 가져온 돈으로 샀을 것이다. 그리고 그는 선술집에서 동료 상이군인들과 함께 술을 마셨을 것이다. 산비탈에서 시간을 보낸 철호도 이내 따라 들어온다. 아내는 영호가 사 온 신발을 철호에게 건넨다. 가족 사이 처음으로 대사의 작용이 성립되는 이 신에서, 형제의 대화도 시작된다. 영호가 "형님, 인제 우리도 한번 살아 봅

시다"라고 허황된 말을 꺼내자, 철호는 "또 술 마셨구나?"라며 가로막는다. 그사이 석간을 돌린 민호가 들어온다. 제대한 지 이태가 지났으니 정신 차리라는 철호의 말에, 영호는 내일쯤 판결이 날 거라고 답한다. 남처럼 '(까마귀만 한) 용기'만 있으면 뾰족한 수가 있을 거라는 영호의 말에, 철호는 '엉뚱한 생각'을 하는 건 아니냐며 "영호야! 그렇게나 살자면 이 형도 잘살 수 있었단 말이다."라고 탄식한다.

영화 속 영호의 대사는 앞서 인용한 소설의 문장들을 조심스럽게 조율한 것이지만 영화적 생동을 획득한다. 그는 인생이 돈 값만치 구멍으로 들여다보고 마는 '요지경'이 아니라며, '좀 더 넓은 테두리'까지 못 나가라는 법이 어디 있느냐고 항변한다. 전자는 '영화-환상', 후자는 영호가 실천하는 '영화-현실'로 치환해 이해해 볼 수도 있을 것이다. 영호가 제시하는 돌파구는 단 하나, 참새가 아닌 까마귀만큼의 용기다. 그것만 있다면 허수아비 같은 법률선은 문제가 되지 않는다는 것이다. 철호는 '억설'이라며 그의 말을 다시 막아선다. 양심과 윤리를 모두 저버린 '마음 한구석 어딘가 비틀려서 하는 억지'라는 것이다. 하지만 영호는 비틀림을 생존의 몸부림으로 받아친다. 그 비틀리기가 너무 늦었다며, 어머니가 저렇게 미치기 전에, 누이동생 명숙이 양갈보가 되기 전에, 하다못해 동대문시장 목판 자리라도 하나 비었을 때[•] 비틀려야 했다고 말한다. 집 앞 사다리를 올라온 '양공주 차림'의 명숙이 격앙된 둘의 대화에 들어오지 못하고 눈물을 흘린다. 영호는 결국 자리를 피하는 철호에게 자신의 뱃속에 파편[••]이 들어박히기 전에, 아니 날 때부터 비틀렸다면 더 좋았을 것이라고 절규한다. 노모의 '가자' 소리까지 겹치는 순간, 철호는 방구석으로 돌아눕는다. 머리말에는 장독과 곡식 자루, 주판, 그리고 그와 아내의 결혼사진이 도열해 있다. 생계를 상징하는 사물들이 그를 더욱 옥죄는 듯하다.

이 신에서는 영호와 철호의 소통이 처음 성립했을 뿐만 아니라, 그들의 대화 사이 영화가 시작하고 처음으로 온 가족이 다 모이기도 했다. 하지만 온 식구가 누워 있는 이후 장면을 통해 비극적 정조가 더 강화된다. 영호는 악몽을 꾸는 듯 '겁내지 마라'라고 잠꼬대를 하고, 노모는 '가자'를 되뇌이고, 명숙은 노모에 기대어 흐느껴 운다. 잠에 들지 못하는 철호는 그 순간을 피할 수 있는 유일한 방법인 담요를 뒤집어쓴다.[•••] 짧은 암전, 이제 영호의 그날이 시작될 것이다.

영호와 철호가 논쟁하는 이 신은 마치 연극무대 같은 세트에

• 앞서 촬영 착수용 시나리오에서 살펴본, 영호의 구직 몽타주 시퀀스에 등장했던 공간이다.

•• 이종기와 이이령이 공동 각본을 담당한 초기 시나리오 버전(《씨나리오문예》 제5집, 1960년 3월 1일 발행)에서, 미리가 제안한 영화 제목은 〈녹슬은 파편〉이었다.

••• 이때 소설에서 담요를 끌어다 머리까지 푹 뒤집어쓰는 사람은 명숙이다.

중심 숏 1: 전경의 영호에서 중경의 철호, 후경의 민호와 아내로 이어지는 구도.

중심 숏 2: 전경의 노모에서 중경의 철호 너머 후경의 영호가 보이는 깊이 연출.

서 진행되지만, 솜씨 좋게 영화적cinematic 장면으로 승화됐다.• 이는 유현목의 전매특허라 할 수 있는 '깊이 연출deep staging' 덕분이다. 카메라는 인물들에게 비교적 가까이 다가가며 일련의 숏을 이어 가지만, 신의 중심을 형성하는pivotal 숏은 '그림'에 제시된 두 장면이다. 두 숏 모두 고정된 카메라로 공간과 인물 전체를 한눈에 조망하며, 인물의 대사와 동선이 서사를 진척시키는 구조를 이룬다. 첫 번째 숏에서는 '좁은 양심의 울타리'를 벗어나려는 영호가 전경의 나무 프레임에 가로막혀 있고, 민호와 철호의 아내는 후경으로 물러나 있다. 두 번째 숏에서는 철호의 가장 큰 근심인 노모가 전경에 자리하며, 가장 후경에는 영호가 위치한다. 그가 앞으로 할 행동은 노모에게 아무런 도움도 되지 않을 것이다. 결국 어느 쪽 구도에서도 장남 철호는 전경과 후

• 켈리 정Kelly Y. Jeong 역시 철호 가족이 사는 낡은 집의 세트에 주목했다. 그녀에 따르면, 이 공간은 마치 연극의 무대처럼 보이며 때로는 초현실적이거나 비현실적으로 느껴지기도 한다. 그러나 이러한 묘사는 당시 피란민들이 처했던 현실의 사실성을 반영한 결과이자, 리얼리즘 영화의 관습을 따르지 않은 유현목의 연출 스타일이 두드러지는 지점이기도 하다. Kelly Y. Jeong, "Aimless Bullet (1961): Postwar Dystopia, Canonicity, and Cinema Realism," in *Rediscovering Korean Cinema*, ed. Sangjoon Lee (Ann Arbor: University of Michigan Press, 2019), 170-71. 다만, 유현목의 이 같은 연출은 모방적 재현의 리얼리즘 차원에서 논할 것이 아니라, 앙드레 바쟁André Bazin식 리얼리즘의 실천으로 이해해야 할 것이다. 바쟁은 몽타주(편집)에 의한 의미 조작을 중시한 소비에트 형식주의에 반대하고, 대신 롱테이크long take와 딥 포커스deep focus를 통해 관객이 한 화면 안에서 스스로 의미를 발견하도록 하는 '객관적 시선'을 강조했다.

경 사이, 즉 중간에 끼여 있는 인물로 배치된다.

영호의 범죄-영화

영호가 베개 속에 감춰 둔 권총을 챙겨서 나선다. 형수의 산통이 시작된 것을 본 그는, 화장하고 있는 명숙에게 오늘은 집에 좀 붙어 있으라고 말한다. 다시 한 번 "오늘은 예감이 네가 꼭 집에 있어 줬으면 모든 게 잘될 거 같애"라며 부자연스러운 시제로 부탁한다. 그녀가 "언젠 제가 집에 있었다고 오빠 일이 잘될 게 있어요"라고 타박하자, 그는 "아니야, 처음 너한테 부탁하는 거야"라고 말한다. 영호는 처음 있는 일로 여기고, 명숙은 과거에 있었던 일처럼 말한다.

생각해 볼 지점이 몇 가지 있다. 먼저, 영화 초반 다방 신에서 영호는 명숙에게 "미안했어. 고생만 시켜서"라고 말했다. 영화가 시작된 지 얼마 지나지 않은 시점에서는 어색한 표현이다. 나는 이 두 번의 상황에서 가족의 극 중 사건들이 서로 맞물려 끝없이 순환하고 있는 것은 아닐까 생각했다. 현실보다 나은 영각(永却)의 세계가 아닌, 끝없는 시간의 굴레인 영겁(永劫)의 세계. 다음으로 영화 속 영호가 소설과 영화의 철호와 달리 동생들과 직접 대화하는 사람이라는 점이다. 그는 마을 어귀를 나서다 조간신문을 돌리고 들어오는 민호를 발견하고 쫓아간다. 이번에는 민호에게 "시시한 형을 둔 탓으로 네가…"라며 미안한 마음을 전한 후 내일부터 신문팔이를 그만두고 학교나 열심히 다니라고 말한다. 영호는 동생들에게 마지막임을 예감한 듯, 미안하다고 말하는 사람이다. 끝으로, 영호의 한자 이름이 환기시키는 의미를 떠올려 볼 수 있다. 소설에서 영호의 한자는 흔히 이름에 사용하는 '英浩'이지만, 영화 시나리오에서는 '永浩'이다. 영화 속 영호는 총명하고 대범한 영웅(英浩)이 되려 했지만, 결국 그 이름처럼(永浩) 영영 떠나면서 가족의 가난과 절망 역시 영원히 끝나지 않는다.

다음은 굉음을 내는 전차 선로의 인서트 숏이다. 이제 영호의 범죄-영화가 전개된다. 그는 화면 전경이 새장으로 가득 찬 곳에서 전화를 한다. 설희의 옥상 집 장면에서 '천국의 문지기' 영감이 영호에게 '새장 속의 새'에게 먹이를 주며, '보통 사람은 출입 못 하는 곳'이라고 말한 것을 떠올려 주길 바란다. 영호는 감옥 혹은 죽음, 어느 쪽에든 점점 가까워지고 있다. 그는 진원에게 지프차를 몰고 빨리 오라며, 자신은 '단성사(-영화관) 아래 중국집(-복해원) 이층'에 있을 거라고 말한다. 단성사와 뒤이어 등장할 래버러토리laboratory는 모두 영화 그 자체를 직유하는 상징적 장소들이다. 영호는 이제 현실을 벗어나기 위해 자신의 영화 속으로 걸어 들어간다. 중국집 2층에서 그는 탄창에 총알을 끼운 후 클랙슨 소리를 듣고는, 술 한 잔을 들이키고 자리를 떠난다. 요리에는 전혀 손을 대지 않은 모습이 설희 방에서 그가 보여 줬던 애도를 떠올리게 한다.

진원 어디로 모실까요?
영호 영화사로.

영호는 자신의 범죄-영화로 가기 전에 한 번 더 미리의 영화-환상에 들른다. HPL 영화사 입구에 지프차를 세우고 이층으로 올라가는 영호. 기다리는 진원은 한껏 들떠 있다. 영호는 미리를 찾아 부탁할 게 있다며 어떤 방문을 열고 데리고 들어간다. 바로 영화관에 가기 전 최종 영화가 완성되는 래버러토리laboratory(현상인화실) 공간이다. 두 사람이 들어섰음에도 불구하고 흰 가운을 입은 직원은 자기 일만 하고 있다. 영화 속으로 걸어들어간 듯한 영호와 미리. 그는 "오늘 밤은 내 곁에 미리가 있어 줘야겠어"라고 말한 후 철제 계단 뒤편에서 그녀에게 키스한다. 영화가 프린팅되는 장비의 기계음 사이로 둘의 숨소리가 새어 나온다. 미리는 급히 자리를 떠나는 영호가 수상하다.

진원 어디로 모실까요?

영호 지금 몇 시지? 원 자식들이 수표를 줘서 골치야.

진원 4시 4분 전이요.

영호 빨리 가 남대문은행으로. 시간 없어.

연기를 하는 것은 배우 지망생 진원이 아니라 영호이다. 남대문 은행으로 달리는 지프차 안, 진원은 신이 나 휘파람을 불고 핸들에 장단•을 맞추지만, 백미러에 잡힌 영호의 얼굴은 잔뜩 긴장했다. 감옥의 쇠창살을 연상시키는 철문 앞을 지나친 지프차는 한국상업은행 남대문 지점에 도착한다. 영호는 뒷문에서 기다리라고 말한 후 리허설대로 내려가는 셔터 사이로 권총을 들고 들어간다. 미리도 시발(始發)택시를 타고 뒤따라 은행 앞에 도착하지만 셔터는 이미 내려갔다. 은행 뒷문 앞 풍경을 비추는 인서트 숏에는, 길바닥에서 오침을 취하고 있는 지게꾼••과 비눗방울 도구를 파는 행상 소년이 보인다. 오침 중인 지게꾼의 이미지는 앞서 철호가 집에 들어가지 않고 남산 전경

• 녹음대본에는 진원이 손으로 '재즈 장단'을 맞춘다고만 되어 있으나, 실제 휘파람으로 부르는 멜로디는 조르주 비제Georges Bizet의 오페라 〈카르멘Carmen〉(1875) 제2막에 등장하는 바리톤 아리아 〈투우사의 노래Toreador Song〉이다. 프랑스 오페라를 대표하는 남성 영웅주의의 선율을 차용함으로써, 현실과 환상의 잔혹한 충돌을 예고하는 패러디로 기능한다.

•• 녹음대본에서는 '지게꾼'을 '실업자'라고 한 번 더 표현했다. 앞서 철호가 남산 꼭대기에서 서울 시가를 바라보는 장면에서는 지게꾼에 대한 묘사 자체가 없다. 즉, 두 번의 지게꾼의 등장은 촬영 과정에서 선택된 이미지다.

트럭과 노면전차의 이동과 소음이 범죄-영화의 긴장감을 발생시킨다.

프레임 가득한 '새장 속의 새' 이미지는 '천국의 문지기' 영감이 말한 '보통 사람은 출입 못 하는 곳'으로 연결된다.

단성사 아래 중국집에서 지프차로 출발하는 영호.

영화가 최종적으로 만들어지는 래버러토리에서 영호와 미리의 키스.

쇠창살 뒤로 포착된 지프차.

백미러에 속박된 긴장된 얼굴의 영호.

을 바라보던 숏에서 등장했다. 허공으로 날아가다 터지는 비눗방울은 영호의 범죄 행각이 지닌 허무함과 무위(無爲)를 간결하게 시각화한다. 찬송가를 부르는 전도 행렬이 지나가고, 한 소녀가 풍선을 들고 따라간다. 지프차에 걸터앉은 진원이 괜히 담뱃불로 소녀의 풍선을 두 개 터뜨리고, 곧이어 두 발의 총성이 울린다. 우리가 영화에서 볼 수 있는 은행 내부의 상황은 전등갓이 총알에 깨지는 인서트 숏뿐이다. 이미지와 사운드로 정교하게 조직된 숏의 향연이 끝나고 영호의 도주가 시작된다.

뭔가 잘못되었음을 깨달은 진원이 지프차를 몰고 도망가고, 정신없이 뒷문으로 나오던 영호는 미리와 부딪혀 현금 자루를 떨어뜨린다. 조선호텔 앞에서 부딪혔던 명숙과 경식처럼, 연인에게 보여 줘서는 안 될 모습을 노출했다. 그가 돈자루를 판자 울타리 너머로 던지고 벽을 타고 넘어가자, 112로 다이얼을 돌리는 전화기의 인서트 숏이 등장하며 영호의 범행이 중계되기 시작한다.

공사 중인 건물(혹은 폐건물)에서 도주로를 찾는 영호. 하지만 그는 미로 같은 공간에 갇혀 있는 것처럼 보인다. 지하 계단으로 내려갔던 그가 바로 다음 숏에서는 이층 계단을 오르며 갈급한 상황을 생생히 전한다. 다음은 후경에 보이는 명동성당의 종소리가 울리는 골목길이다. 영호는 경찰이 나타나자 돈 포대를 깔고 앉아 점을 보는 척한다.[•] 미리가 범인이 제 약혼자라며 경찰 지프차를 같이 타고 출발하면서, 본격적인 교차편집이 시작된다. 영호의 행방을 경찰에 알리는 무전실의 숏과 도망가는 영호의 숏. 영호는 '청계천 암거 4가'[••]로 도주한다. 경찰이 영호에게 발포하자 그도 맞사격하면서 도망가지만, 두 쪽 다 정조준하는 것처럼 보이지는 않는다. 암흑 속에 달리던 영호는 목매달아 죽은 여성과 마주쳐 소스라치게 놀란다.[•••] 그가 선택한 악몽의 미로는 끝날 기미가 보이지 않는다. 그녀가 업고 있는 아이가 우는 소리는 앞서 경식과 영호가 민가를 가로지를 때 들을 수 있었다. 경식이 가족을 만들 수 없는 현실이라고 말할 때 들리던 울음소리. 서민들의 비극적 삶은 이렇게 서사의 저류에서 흐르고 있다.

영호가 지상으로 탈출하자 아이의 울음 소리 대신 사이렌 소리가 울려 퍼진다. 그는 노동자 데모대 사이에 끼여 구호를 외치

• 〈지옥화〉(신상옥, 1958)의 동식과 〈휴일〉(이만희, 1968)의 허욱은 영화 초입, 점을 통해 이미 자신의 운명을 예고받는다. 그러나 〈오발탄〉의 영호는 경찰의 추적을 피하느라 점쟁이의 말을 들을 여유조차 없다. 흥미로운 것은, 운명의 예고가 있든 없든, 이들이 결국 비극적 결말을 피할 수 없다는 점이다.

•• 1958년부터 청계천 복개(覆蓋) 공사가 진행됐다. 영호는 지하 배수로, 즉 암거(暗渠) 공간으로 도주한 것이다.

••• 최초 심의 때 유일하게 문제가 된 바로 그 장면이다. 촬영 착수용 시나리오에는 이에 대한 묘사가 남아 있지 않지만, 유현목은 최초 구상한 대로 촬영 현장에서 밀어붙였다.

다가, 무전 내용에 의하면, 결혼식 차에 편승해 종암동까지 도주한다. 대신에 우리가 보는 이미지는 노면전차의 어지러운 궤도를 포착한 인서트 숏이다. 악몽 같은 도주의 마지막, 이제 영호는 공장지대에 들어섰다. 거대한 콘크리트 구조물 사이의 그는 한없이 위약(危弱)해 보인다. 공장 내부로 들어선 그는 압도적인 분위기 탓인지 스스로 발에 걸려 넘어지며 자루의 돈을 쏟는다. 만일 꿈이라면 가장 악몽 같은 순간이다. 경찰차가 도착한 것을 인지한 그는 밖으로 한 번 총격하지만, 이 역시 위협적이라기보다 본능적으로 방아쇠를 당기는 것처럼 보인다. 경찰들이 발포하면서 들어오고, 애타게 그를 부르는 미리의 목소리가 들리자, 영호는 발걸음을 멈춘다. 자수하라는 미리에게 돈을 던져 버린 그는 철제 난간 가장 높이 올라 허공에 대고 마지막 총알을 발사한 후 총을 던지고 짐승처럼 울부짖는다. 그가 쏜 권총은 오발(誤發)이 아니라 애초부터 목표를 맞힐 수 없었던 헛발(虛發)에 지나지 않았다. 결국 가로막힌 장벽을 넘지 못한 순간의 공허한 발사. 허구(虛構)-영화에 대한 그의 마지막 비틀림.

소설과 영화의 결말부에서 철호가 유령처럼 걷고 택시를 타고 배회하는 장면이 텍스트의 주제를 압축적으로 제시하며 작품의 정서를 고양시키는 순간으로 읽혀 왔다면, 나는 유현목(을 비롯한 공동 창작자들)이 영호의 범행과 도주 장면을 통해

미로 같은 공사장에서 탈출하려는 영호.

명동성당이 보이는 골목길.

악몽 같은 청계천에서의 탈주.

영화의 핵심 정서를 구축했다고 본다. 다시 말해, 영호의 탈주는 이후 철호의 방황을 다시 겹쳐 내며 작품의 내적 구조를 한층 응축한다.

영호의 범행 후 도주 장면에서 두 가지 지점을 이야기하고 싶다. 〈오발탄〉은 분명 범죄영화의 장르적 요소를 취했지만, 그것이 대중영화의 질감으로 느껴지지 않는다. 촬영 착수용 시나리오에서는 그의 도주 장면을, 영호가 한 오토바이 뒤에 타고 도주하다 공장지대로 숨어 들어가지만 결국 잡힌다고 단순하게 구성했다. 대신에 오토바이와 경찰차의 추격전이라는 장르적 볼거리를 설정해 두었다. 물론 이렇게 촬영되지 않았다. 한편 녹음대본상으로는• 그가 결혼식 차 안에서 신부를 권총으로 위협해 도주하는 장면만 제외하고, 앞서 영화를 기반으로 서술한 영호의 행각 그대로이다.• 즉, 최종 영화는 유현목이 장르적 요소를 걷어 내고 사회 현실을 고발하는 방향으로 고심한 연출의 결과이다. 다시 말하면, 영호가 거부했던 영화-환상을 딛고 영화-현실에 다가가기 위한 모색이었다.

나는 여기서 이만희의 영화, 특히 〈휴일〉을 함께 떠올려 보고자 한다. 그는 분명 유현목의 〈오발탄〉에서 일정한 영향을

• 일반적으로 녹음대본은 후시녹음을 비롯해 최종 마무리 작업을 위한 시나리오이므로, 이 대본에 포함된 내용은 모두 촬영은 해 둔 것으로 볼 수 있다.

• 앞서 청계천 암거 공간의 경우, 시나리오상으로는 밝히지 않았다고 언급했다.

노동자들의 데모 현장.

어지러운 노면전차의 궤도.

공장 내부의 위압적인 이미지.

영호 앞을 가로막은 마지막 바bar.

받았을 것이다. 물론 이만희가 〈오발탄〉을 본 후 남긴 글이나 기록은 아직 발견되지 않았다. 그러나 조감독 생활을 마치고 1961년에 감독으로 데뷔한 그가 이 영화를 보지 않았을 것이라고 추정하는 것이 오히려 더 비합리적이다. 〈오발탄〉에서 직조된 시각적 요소들은 〈휴일〉 속 청년 허욱(신성일)이 유령처럼 떠도는 노면전차의 궤도, 그가 배회하는 명동성당 골목길, 공사 중인 건물 같은 공간과 자연스럽게 겹쳐진다. 이후 전개될, 우리가 소설과 영화의 핵심으로 기억해 온 철호의 '오발탄 같은 방황'을 형상화한 시각적 이미지들은 두 작품을 겹쳐 보자는 제안에 설득력을 더할 것이다. 박정희 군사정권이 막 시작된 시점의 〈오발탄〉, 그리고 군사정권의 한복판에서 검열 강도가 가장 심했기에 개봉조차 이루지 못한 〈휴일〉—이 두 영화를 나란히 놓고 읽는 일은 1960년대 한국에 도착한 모던 시네마modern cinema의 계보를 그리는 중요한 인식의 출발점이 될 것이다.

영호의 범행이 허무하게 막을 내렸음을 알리는 동아일보 호외. 그 헤드라인은 "백주 은행 권총강도/범행 10분 만에 체포." 민호는 그 호외를 돌리기 위해 달리기 시작한다. 형 영호가 좇던 환상이 이미 끝났음을 모른 채.

다음 신은 중부경찰서에 있는 철호의 모습으로 시작된다. 수사계 주임(박경주)은 영호가 끝끝내 단독범행을 주장하지만 곧 밝혀질 거라고 말한다. 녹음대본에 포함됐던 그의 대사에서 "범행 현장에서 그 (은행)안내원을 쏘지 않았다"고 말한 것은, 도주 행각에서 영호의 총격 방식을 이해하게 만든다. 소설 속 형사도 다음과 같이 중얼거린다. "쏠 의사는 처음부터 없었던 것 같은데." 수사계 주임은 철호에게 가도 좋다고 했다가 송청되기 전에 면회나 하라고 말한다.

영화에서 이뤄지는 형제의 세 번째 마주침. 영호가 후경의 문에서 카메라 방향으로 걸어 나오자, 철호는 직면할 수밖에 없다. 하지만 철호는 고개를 돌려 피하려다 그 앞으로 돌아온다. 정작 철호를 직시하는 것은 그의 자아처럼 보이는 영호이다. 다시 지나쳐 가는 그에게 영호는, 네거리 한복판에 목을 매달아 주길 바란다며 "그날 구경꾼들이 많이 와 줬으면 좋겠어요"라고 반성의 대사를 한다. 총격으로는 아무도 죽지 않는다는 도주신의 연출을 포함해, 당시 사회적 정서(혹은 검열)를 고려한 대사로 읽히지만, 만약 영호가 그렇게 된다면 한국 사회의 가장 비참한 순간이 될 것이다. 후문의 방으로 보내진 영호는 형에게, 자신의 약속이 또 거짓말이 되었다며 "혜옥이 화신 구경이나 한 번 시켜 주세요"라고 말한다. 그의 마지막 모습이 비치는 방 안에는 아마도 명숙과 같은 일로 잡혀 온 젊은 여성이 있다.

이로써 철호와 영호의 세 번의 마주침이 완결된다. 첫 번째 만남에서 형제는 같은 해방촌에 살지만 서로 다른 현실감각 속에 놓여 있었고, 두 번째 만남에서 그들은 도덕적 이상과 실존적 결단을 두고 격렬히 논쟁했다. 이때 행동하지 못하는 철호는 자신의 내면에 잠재한 또 다른 자아, 즉 행동하는 영호와 처음이자 마지막으로 대면한다. 세 번째 만남은 두 자아가 결코 통합될 수 없음을 드러내며, 결국 자아의 붕괴로 귀결된다.

비감에 젖은 철호는 영호 쪽으로 걸어가는 듯하지만, 카메라와 하나가 되듯 다가와 계단 밖으로 힘겹게 걸어 나온다. 결국 철호는 영호에게 한 마디도 하지 않았다. 이제 그의 구두 밑창은 해지다 못해 너덜거린다. 정작 질주하고 절규한 이는 영호였지만. 철호는 마치 그가 감방에서 풀려난 듯, 눈부신 햇볕 아래서 얼굴을 감싸 쥐고 거리를 걷기 시작한다.

유령의 배회

철호가 무거운 걸음을 내딛는다. 사람이 이보다 더 괴로울 수는 없을 것 같은 표정이다. 그는 사무실로 올라가려다 아내가 해산기가 있다는 영호의 말을 기억해 냈는지 건물 현관에서 발길을 돌린다. 해방촌으로 온 그는 터덜터덜 마지막 사다리까지 힘겹게 올라 집 안으로 들어선다. 그 순간, 철호를 맞는 것은 노모의 외침 '가자'이다. 그는 영화가 시작하고 처음으로 감정을

철호에게 다가오는 영호.

철호를 직시하는 또 다른 자아-영호.

디제시스에서 영호의 마지막 모습.

철호가 밑창이 너덜해진 구두로 걷기 시작한다.

드러내며 절규한다. 그동안 참아 왔던 대답, “가세요! 갈 수만 있다면.” 노모와 철호, 각자의 외침은 곧 철호의 방황으로 시각화될 것이다. 그가 툇마루에 주저앉자, 여동생 명숙이 “어딜 그렇게 돌아다니세요?”라고 타박하고 언니가 아이가 걸려 위독하니 병원에 어서 가 보라고 말해 준다. 지금쯤 애기를 낳았을 거라고 하지만 기뻐할 수가 없다. 무작정 나서려는 철호에게 명숙은 대학병원 ‘49호실’이라고 말해 주고, ‘49’를 되풀이하며 나서는 그를 다시 불러 세워 돈다발을 문지방에 놓는다. 결국 가장 필요할 순간 돈을 융통할 수 있는 사람은 여동생 명숙이다.

> 백 환짜리 한 다발이 철호 앞 방바닥에 던져졌다. 명숙은 다시 돌아서서 백을 챙기고 있었다. 철호는 명숙의 뒷모습을 물끄러미 바라보고 있었다. 철호의 눈이 명숙의 발뒤축에 머물었다. 나일론 양말이 계란만치 구멍이 뚫렸다. 철호는 명숙의 그 구멍 뚫린 양말 뒤축에서 어떤 깨끗함을 느끼고 있었다. 오래간만에 철호는 명숙에 대한 오빠로서의 애정을 느꼈다. (143)

철호가 49호실에 도착하지만, 간호사는 아내가 1시간 전에 세상을 떠났다며 부인과 과장실에 가 보라고 말한다.* 그가 49호실

* 촬영 착수용 시나리오의 설정에서는, 부인과 과장실 문고리만 잡고 차마 열지 못한 채 돌아선다. 최종 영화에서는 철호가 49호실의 문고리를 잡고 닫는 숏으로

을 떠날 때, 촬영 착수용 시나리오의 수기 메모와 녹음대본의 지문처럼 '철호의 실루엣'이 비치며 앞서 영호의 그림자 이미지와 조응한다. 그는 시체안치실로 가지만 아무것도 할 수 없어 그 앞에서 발길을 돌린다.

'49'라는 숫자를 생각해 본다. 이 영화의 창작자들은 무엇을 상징하고 싶었을까. '49'호실은 촬영 착수용 시나리오에서부터 설정됐던 것으로, 단순한 병실 번호에 머물지 않는다. 두 가지 층위에서 해석해 볼 수 있다. 불교에서는 사람이 죽은 뒤 49일 동안 죽은 자의 영혼이 이승과 저승을 떠돈다고 믿는다. 아내가 죽은 후 그가 찾아가는 49호실은 생과 사의 경계 같은 곳이 아닐까. 촬영 착수용 시나리오에 쓰인 지문처럼, 이제 그 역시 '유령처럼' 배회를 시작할 것이다. 또, 역사적 알레고리의 차원으로 해석해 본다면, '49'는 1960년 4·19혁명을 연상시키는 기호로 전환될 수 있다. 국민들의 핏빛 희생을 기반으로 희망을 품게 된 역사의 변곡점. 가장 절망적인 순간에 희망의 가능성을 모색하는 이 치환은, 병원에 도착한 명숙이 오빠 부부의 아이를 보며 조심스럽게 미래를 기대하는 장면으로 완성된다.

영호 왜 우리만이 좁은 양심의 울타리 안에서 숨이 막혀야

함축됐다. 이때 그의 손등에 눈물방울이 떨어진다.

'49'를 되뇌는 철호의 그림자와 그.

소설처럼 철호가 아닌 유현목-카메라의 시선으로 포착되는 명숙이 신은 스타킹의 '계란만 한 구멍'.

49호실에서 방황을 시작하는 철호의 그림자(실루엣).

이제 철호 역시 운명의 장벽 같은 울타리들을 하나씩 힘겹게 넘어선다.

해요.

철호 영호야. 그렇게나 살자면 이 형두 벌써 잘살 수 있었어.

병원 정문에서 어렵게 발걸음을 뗀 그는 명동 번화가를 걷는다.• 이때 영호의 목소리가 보이스오버voice-over••로 들리기 시작하는데, 철호의 대답이 따르며 형제의 대화가 완성된다. 이는 영호와 철호가 두 번째 마주한 장면에서, 영화에서 처음으로 두 사람의 대화가 성립했을 때 나눈 대사 내용과 동일한 듯하지만, 다르다. 순서가 뒤바뀌었고, 표현도 바뀌었다.••• 보이스오버로 파생된 이 대화는 철호의 내면에서 들리는 목소리로 해석할 수 있다. 그들 논쟁의 핵심을 압축한 문장이지만, 영호(혹은 철호의 자아)의 물음에 대한 그의 마지막 대답이기도 하다.

경찰서에 온 철호는 계단 아래에서 머뭇거리다 다시 사무실로 발걸음을 옮겨 상공회의소 건물을 올려다본다. 이때 카메

• 종로구 연건동의 서울의대 부속병원 앞에서 걷기 시작한 그는 을지로 반도호텔 앞에서 걷고 있다. 반도호텔은 1974년 철거되어 현재 롯데호텔이 들어서 있다.

•• 보이스오버란 시각적으로는 화면에 드러나지 않지만, 디제시스 안팎에서 들리는 발화자의 목소리를 말한다. 이 음성은 인물의 내면 독백처럼 디제시스(이야기 세계) 안에 존재할 수도 있고, 사건을 해설하는 전지적 해설자의 목소리처럼 디제시스 밖에서 들릴 수도 있다.

••• 디제시스상 실제 대화는 다음과 같이 진행됐다.
철호: 영호야. 그렇게나 살자면 이 형두 벌써 잘살 수 있었단 말이다. (중략)
영호: 왜 우리라고 좀 더 넓은 테두리까지 못 나가라는 법이 어디 있어요.

라의 표현을 정확히 언급하면, 그의 시점으로 건물을 포착하는 것이 아니라 올려다보는 철호의 모습을 잡고 있다. 다시 치통이 밀려온 철호가 두 손으로 턱을 감싼 채 돌아서 걷자, 그의 등으로 카메라가 붙으면서 짧은 암전을 만든다. 마치 카메라가 철호의 몸과 합일한 듯, 이제 그에게 본격적인 시점숏이 생긴다. 흐린 눈으로 걷고 있는 철호의 시선에 미도파백화점 맞은편, 번화한 상점가의 쇼윈도들이 스친다. 그 순간, 그의 머리 위로 비눗방울이 흩날린다. 그곳에 진열된 물건들은, 영호의 범죄-영화가 성공했다면 가족들이 손에 넣을 수도 있었을 물건들이다. 잠시 후, 철호의 시선은 '국제치과' 간판에 멈춘다. 분명히 그는 영화의 시선을 부여받았다.

드디어 철호는 치과 진료 의자에 앉는다. 사랑니를 하나 뽑아낸 치과의사가 "왜 이토록 참았죠?"라고 묻자, 그는 나머지 한쪽도 뽑아 달라고 요청한다. 의사는 고통이 심해 위험하다며 다음 손님을 부른다. 시나리오에는 명시되어 있지 않지만, 다음 환자는 한 어머니가 데려온 아기다. 앞의 두 번처럼 이 아이 역시 엄마를 부르며 운다. 그러나 이번에는 아버지까지 달려들어 아이를 돌보는 장면이 펼쳐진다. 철호는 명숙이 건넨 만 환(圜) 다발• 중 상당 부분을 던져 두고 치과를 나온다. 돈을 써

• 소설로 판단해 보면, 1백 환짜리 100장 묶음인 만 환이다.

야 하는 공간에서 울려 퍼지는 아이의 울음소리는 이전과 같지만, 그 울음이 놓인 세계는 전혀 다르다.

철호는 비틀거리며 철조망 앞으로 걸어와 피를 한 움큼 뱉은 뒤, 후경에 명동성당이 보이는 술집 거리를 걷는다. 성당의 종소리, 술집에서 흘러나오는 재즈 음악, 그리고 영화의 메인 테마곡이 혼류하는 가운데, 그는 또 다른 치과에 들어가 남은 사랑니마저 뽑는다. 철호가 두 곳의 치과를 거쳐 가는 이 배회의 장면은 영화 초반 영호의 동선에서 드러난 시청각적 요소들과 겹쳐진다.

한편 '치과'라는 공간에 주목한다면, 유현목의 실험적 예술영화 〈춘몽〉(1965)을 함께 떠올려 볼 수도 있을 것이다. 두 작품이 서로를 비추는 거울상이라면 치과 장면은 그 매혹적 접점이 된다. 〈오발탄〉의 철호는 영화의 말미에서 마침내 앓던 이를 뽑아내지만, 〈춘몽〉의 청년(신성일)은 영화 초입에서 치과 진료 중 무의식의 심연으로 빠져든다. 〈춘몽〉은 〈오발탄〉의 세계를 무의식의 차원에서 되비추며, 현실의 파국을 내면의 이미지로 전치(轉置)한 영화라 할 수 있다.[•] 결말부에서 이를 부연해 보기로 한다.

[•] 이 같은 해석은 영화비평가 정성일이 〈춘몽〉을 독해하면서 제안한 것이다. "저는 영화 〈춘몽〉과 〈오발탄〉이 마치 음화와 양화처럼 보입니다." KOFA코멘터리극장 〈춘몽〉 편(https://www.youtube.com/@KoreanFilm).

조물주의 오발탄,
철호

밤이 깊었다. 철호는 서울역 광장 앞 차로에서 위태롭게 걷고 있다. 자동차의 헤드라이트와 네온이 그려 내는 실루엣으로만 보이는 역사(驛舍)의 이미지는 이제 철호가 추상의 영역으로 진입하고 있음을 예고한다. 영화의 인트로에서 로댕의 '생각하는 사람'이 고민하고 있던 그 간유리 내부의 세계 말이다. '대중식사'라고 쓰인 식당 앞, 신문팔이 소년이 철호에게 다가오지만 그 처참한 얼굴을 보고 피하는 듯 돌아선다. 식당에 들어간 그는 설렁탕을 시키지만, 불안한 사선 앵글에서 느껴지듯 음식을 삼킬 상황이 아니다. 극심한 고통에 밖으로 뛰쳐나온 그는 전봇대 아래 피를 토한 후 위를 올려다보다가 현기증을 느낀다. 촬영 착수용 시나리오의 '술집 앞'(#51) 신에서는 영호가 전신주 옆에서 극심한 통증을 느꼈다면, 영화는 그 자리에 철호를 옮겨 두었다.

철호는 술에 취한 듯 비틀거리며 택시를 탄다. 운전사와 조수는 그를 취객으로 여기고 태운다. 그는 해방촌으로, 서울대학병원으로, 중부경찰서로 계속 목적지를 바꾸고, 그때마다 택시는 방향을 바꿔 달린다. 병원에 있는 명숙이 "오빠 돌아오세요"라며 독백을 시작한다. 병원에 가기 전 철호에게 "어딜 그렇게 돌아다니세요?"라고 물었던 명숙은 이미, 그가 오발탄처럼 방황하고 있음을 짐작하고 있는 듯하다. 그녀는 신생아실의 통창에 기대어 철호의 아이를 바라보며 눈물을 흘린다. 이제 유리창의 프레임은 장벽이라기보다 십자가처럼 보인다. 간유리가 아닌 투명한 창 너머로 비치는 것은, 미약하나마 삶을 이어 가려는 희망의 빛이다. "(아기가) 웃도록 우리가 만들어 줘야 하지 않겠어요"라고 독백하는 명숙은, 이 영화에서 허황된 환상이 아닌, 끝까지 인간적인 희망을 품고 그것을 입 밖에 내는 유일한 인물이다.

택시가 경찰서 앞에 도착했다. 조수가 중부경찰서라고 말하자, 철호는 정신을 차리고 창밖으로 시선을 옮긴다. 녹음대본에서 '인서트 김진규 씨 시야'라고만 설정된 숏. 바로 그 숏에서 검은 뿔테 안경을 쓰고 왼팔에 상의와 노트를 든 남자가 담배 연기를 내뿜으며 계단을 내려온다. 영화의 감독 유현목이다.* 텅 빈 눈으로 그 모습을 지켜본 철호는 다시 의식이 몽롱해져 자리에 기댄 후 "가자, 가"를 반복한다. 감독은 디제시스를 빠져나가지만, 철호는 영겁의 굴레에 갇혔다.

운전사 취했니?

조수 그런가 봐요.

* 히치콕의 카메오 출연처럼 감독의 서명을 남겼다.

운명의 장벽 같았던 프레임이 십자가로 치환되는 순간. 명숙은 눈물 너머로 철호-영호 가족의 간절한 희망인 아이를 바라본다.

운전사 제기랄 어쩌다 오발탄 같은 손님이 걸렸어.

철호의 마지막 보이스오버가 시작된다. "오발탄! 아들 구실, 남편 구실, 애비 구실, 형 구실, 오빠 구실, 또 서기 구실, 해야 할 구실이 너무 많구나! 그래 나는 네 말대로 조물주의 오발탄인지도 모르겠다." 그는 뒷좌석에 쓰러진다.• 조수가 재차 어디로 가냐고 묻자, 그는 시트에서 겨우 몸을 세운 후 마지막 "가자"를 외친다. 그의 노모가 포기하지 않고 말해 왔듯이.

"가자."

철호는 또 한 번 귓가에 어머니의 소리를 들었다고 생각하며 푹 모로 쓰러지고 말았다.

민호가 차로에서 차단봉 아래를 통과해 달려온다. 그는 아직도 신문을 돌리고 있다. 교차로의 벨이 울리고 신호등이 바뀌자, 철호가 탄 택시가 밤거리의 자동차들 사이로 사라진다.•• 이

• 녹음대본 지문에 의하면, 그는 혼수상태(중부경찰서 앞)에서 빈사(瀕死) 상태(마지막 '가자'를 외칠 때)로 접어들었다. 철호 역시 죽은 것과 다름없는 상황이다.

•• 당국은 영화의 결말을 "한 진실한 계리사가 동생들을 양육하는 능력이 없어 서로가 제멋대로 타락이 되어 드디어는 가정이 파괴됨에 이르자 자신을 무능을 탄식하고 **멀리 떠나게 된다**"고 파악했다. 〈국산영화 "오발탄" 상영 신고의 건〉(1961년 2월 14일), 〈오발탄〉 심의서류(한국영상자료원 관리번호: RK00641).

제 암흑의 스크린에 헤드라이트 불빛만 점이 되어 남는다.

앞서 〈오발탄〉과 〈춘몽〉이 서로를 비치는 거울 같은 작품이라고 언급했다. 서로를 음화negative와 양화positive처럼, 혹은 그 반대로 비추는 두 편의 영화를 유현목은 1961년과 1965년에 각각 세상에 내놓았다. 하나는 4·19혁명의 기운에 감응하여 한국 사회의 현실을 가장 처절하게 비판한 영화였고, 다른 하나는 군사정권의 한복판에서 실험적 예술과 에로티시즘의 외피를 두르고 환상과 무의식의 세계로 침잠한 영화였다. 〈오발탄〉의 마지막, 철호가 탄 택시가 추상의 불빛으로 소멸했다면, 〈춘몽〉의 엔딩에서 청년이 탄 자동차는 백일몽 같은 환상을 벗어나 현실의 거리 속으로 미끄러져 들어간다. 그 오른편 조형물에는 결코 우연이 아닌 문구가 선명히 보인다. '4·19 5주년 기념 경축 대예술제전.'

〈오발탄〉의 마지막 장면은 추상적 세계로 진입하며 오프닝과 수미상관을 이룬다. 로댕의 '생각하는 사람'이 앉아 있던 후경의 간유리 뒤에서 번쩍이던 빛은, 바로 철호가 탄 택시였다. 그 오발탄은 '전광(電光)의 난무(亂舞)'가 되어, 절망의 시대를 가르는 마지막 섬광으로 남는다.

〈오발탄〉의 엔딩부. 철호가 탄 택시가 차량 속으로 사라져 불빛이 된다.

〈춘몽〉의 엔딩부. 청년이 탄 차가 도로-현실로 들어선다.

추상의 세계로 진입하는 영화의 마지막 이미지.

주

1 조혜정 채록연구, 《한국 근현대예술사 구술채록연구 시리즈 15: 유현목》, 한국문화예술위원회(舊 한국문화예술진흥원), 2004, 29쪽.

2 조혜정 채록연구, 《한국 근현대예술사 구술채록연구 시리즈 15: 유현목》, 72쪽.

3 유현목, 〈나의 영화편력〉, 《영화: 이론과 실제》 1979년 7·8월호, 영화진흥공사, 61쪽.

4 조혜정 채록연구, 《한국 근현대예술사 구술채록연구 시리즈 15: 유현목》, 86쪽. 다음 기사에 의하면, 정확한 장소는 부산 보수동 문화극장 옆 골목 판잣집 2층일 수 있다. 〈연예수첩반세기/영화계(24) 피난시절의 영화인들〉, 《동아일보》 1972년 11월 24일자.

5 유현목, 같은 글, 《영화: 이론과 실제》 1979년 7·8월호, 61쪽.

6 이영일, 《한국영화전사(개정증보판)》, 도서출판 소도, 2004, 106쪽.

7 조혜정 채록연구, 《한국 근현대예술사 구술채록연구 시리즈 15: 유현목》, 208~214쪽.

8 조혜정 채록연구, 《한국 근현대예술사 구술채록연구 시리즈 15: 유현목》, 251쪽.

9 허백년, 〈지나친 흥행성 편향/금년도 국산영화의 총결산(하)〉, 《조선일보》 1956년 12월 21일자.

10 노만, 〈무례한 인터뷰: 유현목 감독 편〉, 《국제영화》 1956년 9월호, 80쪽.

11 유현목, 〈히치코크와 스릴러-그의 연출기교를 중심으로〉, 《영화세계》 1958년 1월호, 86~88쪽; 유현목, 〈감상 노트: 〈두 세계의 사나이〉〉, 《스크린》 1958년 2월호, 56~58쪽.

12 조혜정 채록연구, 《한국 근현대예술사 구술채록연구 시리즈 15: 유현목》, 160~161쪽.

13 김초문, 〈[기자논단] 〈자유부인〉, 〈피아골〉, 〈유전의 애수〉의 한국영화사적 위치〉, 《한국일보》 1956년 9월 9일자.

14 〈사생대본과 국산영화/한국영화의 당면한 문제 하나(1)〉, 《경향신문》 1958년 10월 16일자.

15 〈감독·기술자들이 주동/영화계 동인제로 불황 타개〉, 《동아일보》 1960년 4월 20일자.

16 〈〈오발탄〉 촬영 진행 중〉, 《조선일보》 1960년 6월 22일자.

17 〈[영화계] 명중한 〈오발탄〉〉, 《경향신문》 1961년 2월 23일자.

18 신봉승, 〈[방화(邦畵)비평] 아낌없이 주련다〉, 《씨네마》 1962년 12월호, 57쪽.

19 〈[녹음실] 진기한 모임 진지한 의논〉, 《경향신문》 1963년 1월 4일자.
20 조혜정 채록연구, 《한국 근현대예술사 구술채록연구 시리즈 15: 유현목》, 54쪽.
21 조혜정 채록연구, 《한국 근현대예술사 구술채록연구 시리즈 15: 유현목》, 123쪽.
22 유현목, 〈은막의 자유〉, 《조선일보》 1965년 3월 25일자.
23 유현목, 〈은막의 자유〉, 《경향신문》 1965년 3월 24일자.
24 〈유현목 감독 입건/논문 말썽〉, 《조선일보》 1965년 7월 14일자.
25 조혜정 채록연구, 《한국 근현대예술사 구술채록연구 시리즈 15: 유현목》, 121쪽.
26 문 이영규·답 유현목, 〈근원적인 휴매니티의 회복-현대의 '고독'과 '단절'의 극복〉, 《영화예술》 1966년 5월호, 96쪽.
27 변인식, 〈영화의 본질을 향한 쿠데타 〈막차로 온 손님들〉〉, 《영화TV예술》 1968년 신년호, 84~85쪽.
28 조혜정 채록연구, 《한국 근현대예술사 구술채록연구 시리즈 15: 유현목》, 51쪽.
29 유현목, 《예술가의 삶(20) 영화인생》, 151~152쪽.
30 변인식, 〈유현목 영화에 표출된 신과 인간의 커뮤니케이션〉, 전양준·장기철 책임편집, 《닫힌 현실, 열린 영화-유현목 감독 작품론》, 제3문학사, 1992, 25쪽.
31 유현목, 〈연출 노트 1: 콘티뉴이티의 활용〉, 《실버스크린》 1964년 8월호(창간호), 123쪽.
32 〈개봉관 일할 동원 일람표〉, 《국제영화》 1964년 1월호, 169쪽.
33 이종기, 〈[연구노트] 〈오발탄〉과 그 씨나리오-구상에서 탈고까지〉, 《씨나리오문예》 제6집, 1960년 5월 1일, 79~81쪽.
34 이종기, 같은 글, 《씨나리오문예》 제6집, 1960년 5월 1일, 79~81쪽.
35 조혜정 채록연구, 《한국 근현대예술사 구술채록연구 시리즈 15: 유현목》, 169쪽.
36 영화진흥공사, 《한국시나리오선집 제3권》, 1990, 41~77쪽.
37 〈국산영화 "오발탄" 상영 신고의 건〉(1961년 2월 14일), 〈오발탄〉 심의서류(한국영상자료원 관리번호: RK00641).
38 이순진, 〈냉전체제의 문화논리와 한국영화의 존재방식: 영화 〈오발탄〉의 검열과정을 중심으로〉, 《기억과 전망》 겨울호(통권 29호), 민주화운동기념사업회, 2013년 1월, 387쪽.
39 〈백림영화제 출품작 선정의 시비/영화인들에게 물은 채점표/재론 여지 남긴 관의 비중/심사위 순위 전적으로 뒤집혀…〉, 《한국일보》 1961년 4월 30일자.
40 〈[영화계 만보] 쭈그리고 앉은 이야기〉, 《경향신문》 1961년 11월 1일자.
41 조혜정 채록연구, 《한국 근현대예술사 구술채록연구 시리즈 15: 유현목》, 124쪽.

42 〈지평선〉, 《한국일보》 1961년 4월 14일자.

43 〈평가될 의욕/산만한 구성/유현목 감독의 〈오발탄〉〉, 《조선일보》 1961년 4월 15일자.

44 일야계삼(日野啓三), 〈외국인이 본 우리 영화/〈오발탄〉, 국제 수준의 문제작/탁월한 색채 처리 〈성춘향〉〉, 《한국일보》 1961년 2월 18일자.

45 조혜정 채록연구, 《한국 근현대예술사 구술채록연구 시리즈 15: 유현목》, 127쪽.

오발탄

Aimless Bullet

감독 유현목 | **제작년도** 1961년 | **제작사** 대한영화제작주식회사 | **포맷** 흑백·35mm
상영시간 107분

기획 박경식 | **원작** 이범선 | **각색** 이종기 | **윤색** 이이령 | **촬영** 김학성 | **조명** 김성춘 | **음악** 김성태 | **미술** 백남준·이수진 | **녹음** 이경순 | **현상** 김창수 | **효과** 이상만 | **편집** 김희수 | **스틸** 김찬영 | **기록** 심은미 | **감독보** 문상헌·최진·이재헌·허승년 | **촬영보** 신일·심기재·공종식 | **조명보** 최의정·이억만·정호영·박영륭·유기무 | **제작부장** 안건영 | **제작주임** 이경천 | **진행** 노동진 | **소품** 김영호 | **협찬** 한국영화기술협회·한국영화평론가협회

출연 – 철호 김진규 | **영호** 최무룡 | **명숙** 서애자 | **미리** 김혜정 | **어머니** 노재신 | **아내** 문정숙 | **경식** 윤일봉 | **진원** 이대엽 | **설희** 문혜란 | **만수** 양일민 | **마담** 유계선 | **노인** 남춘역 | **수사계주임** 박경주 | **보안계주임** 고설봉 | **성국** 지방열 | **치과의사** 최명수 | **민호** 박춘 | **혜옥** 서경희

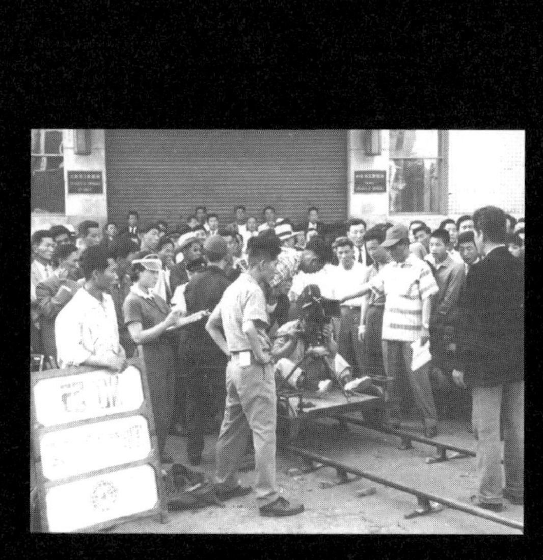

상세 크레디트와
더 많은 영화
관련 정보는
QR코드를
참고해 주세요.

KOFA 영화비평총서 5

오발탄

치통과 권총의 모던 시네마

2025년 12월 31일　초판 1쇄 발행

지은이 | 정종화
펴낸이 | 노경인 · 김주영

펴낸곳 | 도서출판 앨피　출판등록 | 2004년 11월 23일
주소 | (01545) 경기도 고양시 덕양구 향동로 218(향동동, 현대테라타워DMC) B동 942호
전화 | 02-710-5526　팩스 | 0505-115-0525　블로그 | blog.naver.com/lpbook12
전자우편 | lpbook12@naver.com

ISBN 979-11-92647-80-7